MÉMOIRE

SUR L'EMPLOI

DES PETITES ARMES.

MÉMOIRE

SUR L'EMPLOI

DES PETITES ARMES

DANS

LA DÉFENSE DES PLACES

PARIS.

DE L'IMPRIMERIE DE FAIN

RUE RACINE, N. 4, PLACE DE L'ODÉON

1827.

MÉMOIRE

L'EMPLOI DES PETITES ARMES,

DANS LA DÉFENSE DES PLACES.

J'ai placé en tête du Mémoire sur l'armement des Places, publié l'année dernière, une note finissant par ces mots : « Je pu-
» blierai également l'année prochaine un autre Mémoire sur
» l'emploi des petites armes dans les places; ensuite ces deux
» Mémoires, corrigés et améliorés par la critique bienveillante
» de MM. les officiers de l'armée française, seront fondus en un
» seul ouvrage élémentaire sur la *Défense des Places*, ouvrage
» important, dont le besoin se ferait vivement sentir dans une
» guerre défensive. » C'est le Mémoire annoncé dans cette
note que je fais paraître aujourd'hui. Il a été, comme le premier,
rédigé par M. le capitaine du génie Villeneuve, mon aide-de-
camp, sous mes yeux et d'après mes idées.

Le général ROGNIAT.

INTRODUCTION.

ON nomme *petites armes* celles qu'un homme seul
peut employer à la main, comme le fusil, la baïonnette, la grenade à main, etc. Le rôle qu'elles ont
à remplir dans la défense des places est évidemment d'un grand intérêt. Armes essentielles pour

repousser les surprises et les attaques de vive force,
elles sont indispensables aussi contre les attaques
régulières, pour forcer l'assiégeant de rester toujours à couvert et de s'astreindre à la marche lente de
la sape pleine, pour faire des sorties, attaquer les
travaux mal soutenus, défendre les brèches : compa-
gnes inséparables du soldat, elles peuvent être em-
ployées à tout instant, et donnent à la défense une
activité et une mobilité, qui profitant sans cesse
des avantages préparés par la fortification rendent
les attaques et plus dangereuses et plus longues.
Mais il est nécessaire que l'art en dirige l'action
et la combine de la manière la plus avantageuse
avec celle des autres agens de la défense ; car si elles
sont d'un grand secours pour la garnison qui en fait
un habile usage, l'histoire des siéges prouve aussi
qu'elles retardent peu le progrès des attaques,
lorsqu'on les emploie mal et sans à-propos.

Déjà plusieurs ouvrages ont parlé de l'emploi de
ces armes, mais aucun ne l'a fait d'une manière
complète et détaillée. Ils laissent tous à désirer des
préceptes plus développés, mieux coordonnés, et
d'une application facile ; ce qui nous a persuadé qu'un
nouveau travail sur ce sujet, où l'on réunirait en
un seul corps de doctrine les préceptes épars dans
divers ouvrages, où l'on tâcherait de remplir quelques lacunes, où l'on discuterait quelques points
douteux, et où l'on décrirait les méthodes consacrées
par le raisonnement et l'expérience, ne serait pas
sans utilité.

Qu'il nous soit permis, pour mettre le lecteur plus en état d'en juger, de rappeler ici succinctement, avec quelques observations, les règles qu'on trouve à cet égard dans les écrits principaux sur la défense des places, ceux de Vauban, de Cormontaingne, de Bousmard et de Carnot.

1. LE MARÉCHAL DE VAUBAN prescrit de tenir, pendant l'investissement, des gardes de cavalerie jusqu'à deux cents ou deux cent cinquante toises des chemins couverts, et de les soutenir par la garde de ces ouvrages et par quelques compagnies de grenadiers postées dans des lieux favorables (*Traité de la Défense des Places*, pag. 198). Il conseille aussi d'envoyer quelques partis pendant la nuit jusqu'à cent ou deux cents toises de la place, dans des lieux couverts d'où ils puissent surprendre les petits postes de reconnaissance de l'ennemi (*ibid.*, pag. 200); de chercher par différens moyens à découvrir le lieu de l'ouverture de la tranchée, et de régler les gardes de la place, des dehors et des chemins couverts, sur le pied d'attendre l'ennemi de tous côtés (*ibid.*, pag. 201).

Remarque. Ces dispositions fort sages, que l'illustre ingénieur n'a indiquées que d'une manière générale, laissent évidemment à désirer des détails, principalement sur l'organisation des gardes destinées à veiller à la sûreté de la place.

2. La nuit de l'ouverture de la tranchée, Vauban

met tous les fusils à chevalets dont la place peut être
munie, en batterie à cinquante ou cent toises en avant
des chemins couverts, dans des positions avantageuses, et sous la garde de deux compagnies de grenadiers.
Il fait aussi courir sur les travailleurs de forts piquets
de cavalerie, qui aient leur retraite derrière les postes
précédens, ou dans les chemins couverts. Au jour, les
fusils à chevalets doivent rentrer dans ces ouvrages,
d'où l'on continue à les faire agir; et la cavalerie se
retire dans les places d'armes, à moins que la
tranchée ne soit éloignée, et qu'il n'y ait au dehors
quelques lieux favorables où elle puisse rester
(*ibid.*, pag. 204). Enfin, on place beaucoup de
monde dans les chemins couverts, dans les demi-
lunes et dans les autres dehors, et l'on fait bivouaquer
une partie de la garnison près du corps de place
des fronts attaqués (*ibid.*, pag. 206).

Remarque. Il est fort douteux qu'il y ait quelque
avantage à placer pendant la nuit, en dehors des chemins couverts, des fusils à chevalets, aujourd'hui
appelés fusils de rempart; car de peur d'atteindre les
hommes qui s'en serviraient de la sorte, le canon
des ouvrages serait obligé de renoncer à tirer à
mitraille sur les travailleurs assiégeans. Or le tir à
mitraille paraissant plus efficace que les coups de
fusil, et d'un service plus assuré, puisque l'artillerie
est parfaitement en sûreté dans les ouvrages, l'impossibilité d'employer simultanément ces deux sortes
de feux contre l'ouverture de la tranchée doit faire
renoncer à celui de mousqueterie, afin que le champ

reste libre à la mitraille. Si l'on objecte que l'ouverture de la tranchée se fait assez loin pour que les travailleurs ne soient pas incommodés par la mitraille, qui ne porte guère au delà de six cents mètres, nous répondrons que la bonne portée des fusils de rempart n'excédant pas quatre cents mètres, les tirailleurs qui les emploieraient, se fussent-ils avancés jusqu'à plus de cent mètres du chemin couvert, se trouveraient encore trop éloignés des travailleurs pour obliger l'ennemi de reculer l'ouverture de la tranchée.

Quant aux piquets de cavalerie, la plupart de nos chemins couverts ne sont point disposés pour leur servir de retraite : comment pourraient-ils circuler autour des traverses, et descendre dans les fossés? Il vaut mieux qu'ils gagnent les portes de la ville, si cela est possible.

Enfin, si l'ennemi, selon l'usage, établit sa première parallèle à six cents mètres du chemin couvert, non-seulement ce travail se trouve hors de la portée du fusil ordinaire, mais encore au delà de la portée du fusil de rempart, de sorte que, dans ce cas, il est inutile de garnir aussitôt le chemin couvert de nombreux tirailleurs. Le précepte de Vauban à cet égard ne serait donc applicable que dans le cas très-rare, où l'assiégeant parviendrait à ouvrir la tranchée de prime abord sous la portée du fusil des chemins couverts.

3. La deuxième nuit, dit Vauban, comme l'assiégeant est encore fort loin, on ne fait feu que des postes les plus avancés, et des fusils à chevalets

placés dans les chemins couverts. Les nuits suivantes, on fait grand feu de ces ouvrages, et à cet
effet on en divise la garde en trois parties, qui
se relèvent alternativement de deux heures en deux
heures, sauf durant les deux premières heures, où
deux tiers de la garde font feu à la fois (*ibid.*,
pag. 70 et 212). On peut faire aussi quelques
petites sorties pour alarmer les travailleurs, et
reconnaître leurs progrès, mais en prenant beaucoup de précautions pour qu'elles n'aient pas
d'issues fâcheuses (*ibid.*, pag. 213). Le jour, on se
borne à tenir aux saillans des chemins couverts des
postes de huit ou dix hommes, qui, passant leurs
fusils dans les intervalles des gabions qui couronnent la crête du glacis, se bornent à tirer sur les
hommes qu'ils aperçoivent dans la tranchée, et rien
de plus (*ibid.*, pag. 71 et 213).

Remarque. Vauban indique ici d'une manière
très-précise le rôle que doit jouer la mousqueterie
des chemins couverts, lorsqu'une fois l'assiégeant
est parvenu sous la portée du fusil. Mais quelques
développemens paraissant nécessaires sur le mécanisme et sur les effets de ce feu, nous essaierons de
les présenter dans ce Mémoire. Pour le moment,
bornons-nous à remarquer que ce serait trop sans
doute de faire tirer le même homme deux heures
de suite, sans interruption : car il serait fatigué
avant ce terme, ou son feu manquerait de
vivacité. Du temps de Vauban, le fusil n'était pas
d'un emploi général ; on se servait encore de *mous-*

quets, dont l'amorce, enflammée par la mèche que le serpentin mettait en contact avec elle, faisait souvent long feu. A peine aussi faisait-on usage de cartouches : on réglait la charge avec une petite mesure en fer blanc, et l'on amorçait avec de la poudre renfermée dans une corne d'amorce. Le soldat se trouvait donc obligé à plusieurs attentions qui, nuisant à la rapidité du tir, pouvaient permettre au même homme deux heures de feu continu. Mais aujourd'hui, le perfectionnement des armes, en donnant plus de promptitude à la charge et au tir, nécessite aussi des relèvemens de tirailleurs plus fréquens.

4. Il faut bien se garder, dit le maréchal de Vauban, de faire des sorties de jour, tant que l'ennemi est éloigné, puisque ce serait quitter les avantages de la fortification pour aller donner dans les siens. Il insiste souvent sur cette maxime (*ibid.*, pag. 100, 212, 213), disant que de telles sorties ont beaucoup d'ostentation et peu d'utilité, qu'elles sont presque toujours ramenées avec perte, et qu'il faut considérer que la perte d'un seul homme pour l'assiégé est plus considérable que celle de six ou sept pour l'assiégeant. Il approuve cependant qu'on en fasse quelquefois, mais seulement lorsque l'ennemi fait des fautes dans la conduite de ses attaques, que la disposition du terrain peut lui dérober une partie de la marche des sorties, ou que le feu des ouvrages peut en favoriser la retraite (*ibid.*, pag. 214.

Remarque. Ces préceptes nous paraissent entièrement d'accord avec l'expérience.

5. Lorsque par l'établissement de la troisième parallèle, l'assiégeant se trouve à portée d'insulter le chemin couvert, Vauban conseille d'affaiblir peu à peu la garde de cet ouvrage, et de n'y plus laisser que cent cinquante hommes à chaque saillant, trente derrière chaque traverse, et deux cents dans chaque place d'armes rentrante, ce qui, soutenu d'un bivouac presque aussi fort, sera capable de fournir un grand feu sur la parallèle (*ibid.*, pag. 230.)

Remarque. Les chiffres indiqués par Vauban, si on les applique au cas ordinaire de trois saillans attaqués, donnent, même après la réduction qu'il conseille, une garde de chemin couvert d'environ quinze cents hommes, sans compter le bivouac, ce qui excédera presque toujours les moyens de la garnison. Il faut d'ailleurs éviter de prodiguer les troupes dans les chemins couverts, au delà de ce que peuvent exiger les feux de mousqueterie et les sorties, car leur défense n'est pas en eux-mêmes, mais doit se tirer des ouvrages qu'ils enveloppent. L'ennemi qui les aborde en domine les défenseurs, les prend en flanc du haut des saillans, en se rangeant perpendiculairement sur le prolongement de chaque face, coupe leur retraite aux défilés des traverses, et ne leur laisse que bien peu de possibilité de résister.

6. Si l'ennemi achève entièrement la troisième parallèle sans cheminer en avant, comme on jugera par-là, dit Vauban, qu'il se propose d'attaquer le chemin couvert de vive force, il faudra encore en diminuer la garde, et n'y plus laisser que vingt hommes à

chaque saillant, dix derrière chaque traverse, et cent dans chaque place d'armes rentrante. La garde du saillant et des premières traverses doit faire feu sur l'ennemi, après qu'il a franchi le parapet de la parallèle, et se retirer derrière la traverse la plus prochaine, pour de là faire feu de nouveau. Mais si l'ennemi se présente partout en grosse troupe, la garde gagnera les places d'armes rentrantes, soit en longeant le chemin couvert, soit en descendant tout de suite dans le fossé. Dans ce dernier cas, si elle était trop poussée pour entrer dans les places d'armes, elle se retirerait dans les demi-lunes et derrière les tenailles. Pendant ce temps, toute la garnison doit prendre les armes, garnir de tout le monde possible les demi-lunes et les bastions qui ont action sur l'attaque, et faire feu de toutes parts sur les parties abandonnées, non-seulement de la mousqueterie, en relevant les hommes d'heure en heure ou de demi-heure en demi-heure, mais aussi du canon, des pierriers et des mortiers. Deux heures de ce feu bien soutenu feront sans doute payer cher à l'ennemi son entreprise, et si alors on voit lieu à lui faire une grosse sortie, on fondra sur lui à droite et à gauche le long des glacis, tandis que les gardes qui auront été chassées du chemin couvert, pourront y reprendre leurs postes (*ibid.*, pag. 230, 234).

Remarque. Ainsi Vauban veut qu'on abandonne le chemin couvert, comme nous venons de le dire, dès qu'il est attaqué sérieusement, sans tenter une vaine résistance contre un assaillant favorisé par le nombre et la position. Dès lors, il est évident qu'il ne doit recevoir, outre quelques postes d'observation, que les troupes nécessaires aux feux de mousqueterie et aux sorties. De plus, peut-être serait-il convenable d'abandonner totalement les branches du chemin couvert attaqué, afin de laisser agir librement la mitraille des ouvrages.

7. Si l'ennemi se décide à s'emparer du chemin couvert par la sape, et à l'aide des cavaliers de tranchée, l'assiégé devra, selon Vauban, retarder les progrès de ce travail par l'artillerie et les mines. Mais dès les premiers coups de fusils qui partiront des cavaliers, la garde des saillans sera obligée de se retirer derrière la première traverse, en ne laissant dans l'angle que quatre ou cinq hommes, qui, s'y abritant le mieux possible, jetteront des grenades et des artifices sur les têtes de sape. On se retirera ensuite de traverse en traverse, et à mesure que l'ennemi prolongera son couronnement. Mais on ne négligera point, s'il ne plonge pas beaucoup dans le chemin couvert, de faire glisser de temps en temps des grenadiers le long de la palissade, pour jeter des grenades dans le couronnement ; et de faire quelques sorties, de jour ou de nuit, si l'on y entrevoit des avantages. « C'est-là, dit Vauban, ce qui s'appelle disputer le chemin couvert pied à pied, défense qui est la meilleure de toutes, et qui expose le moins la garnison (*ibid.*, pag. 288). »

Remarque. Depuis Vauban, l'expérience des siéges n'a rien appris de mieux que les préceptes qu'on vient de lire, pour la défense des chemins couverts pied à pied.

8. Lorsque la garnison est forte, dit Vauban, et que le front d'attaque n'est accessible que par des avenues fort étroites, on peut y soutenir de pied ferme une insulte du chemin couvert; dans ce seul cas aussi, la double palissade peut être employée, pourvu qu'elle ne soit point en prise au ricochet (*ibid.*, pag. 239).

Remarque. Vauban fait ici une concession aux partisans de la défense de pied ferme du chemin couvert et de la double palissade, mais avec des restrictions qui prouvent assez qu'il n'en était point lui-même partisan. Nous reviendrons ailleurs sur ce sujet.

9. La construction des batteries de brèche et des contre-batteries dans le couronnement du chemin couvert ne peut guère être contrariée, selon Vauban, que par le jeu des mines et par les feux courbes de l'artillerie (*ibid.*, pag. 243).

L'assiégé n'apporte aussi que peu d'obstacles à la descente du fossé, surtout lorsqu'elle est faite souterrainement. Ce qu'il y a de mieux à faire alors est de chercher à découvrir, en se glissant le long de la contrescarpe, le débouché de la descente, et de tirer sur ce point de tous les endroits qui peuvent le découvrir (*ibid.*, pag. 246).

On s'oppose au passage des fossés secs par des sorties qui se rassemblent derrière les tenailles. On peut même en faire contre les passages de fossés pleins d'eau, au moyen de bateaux ; il est bon aussi de chercher à plonger dans ces passages, en pratiquant dans le massif des parapets de petits bouts de tranchée, d'où l'on puisse jeter des grenades et des matières combustibles, et rouler des bombes sur les travailleurs (*ibid.*, pag. 246).

On défend les brèches par le jeu des mines, et par une grande quantité de pierres, de grenades, de bombes, de fascines goudronnées et de toutes sortes d'obstacles amassés sur les brèches ; le tout bien soutenu d'un grand feu de l'artillerie et de la mousqueterie, rangées derrière les traverses et les retranchemens (*ibid.*, pag. 251).

Enfin, lorsque l'ennemi, logé sur la brèche, établit de nouvelles batteries pour ruiner les réduits ou retranchemens, et qu'il débouche de son logement, il faut lui disputer le terrain de traverse en traverse, employer encore les mines et les sorties, et faire agir le canon et la mousqueterie des parties d'ouvrages qui le découvrent ; mais s'il devient maître du feu, il lui sera facile d'atteindre le bord du fossé, d'exécuter de nouveau ses descentes et ses passages, et de gagner le haut des brèches (*ibid.*, pag. 256).

Remarque. Tous ces préceptes sont d'accord avec l'expérience, et l'on s'apercevra facilement qu'on n'a fait que les développer dans ce mémoire, pour la période de la défense à laquelle ils se rapportent.

Cormontaingne, dans son Mémorial pour la défense des places, se borne à peu près aux indications suivantes.

1. Aussitôt que l'investissement sera commencé, on garnira le chemin couvert, sur les parties attaquables, à raison de trente hommes à chaque saillant, et de soixante à chaque rentrant ; on y fera bivouaquer en outre un sixième de la garnison, et l'on détachera des escouades de dix hommes jusqu'à trois cents pas de la place, afin de reconnaître l'ennemi.

Remarque. La sûreté de la place serait gravement compromise, si, négligeant de garder avec soin l'enceinte immédiate, on comptait principalement sur la garde des chemins couverts pour repousser les attaques de vive force, car les défenseurs de ces ouvrages, comme on l'a déjà dit, sont dans une position trop défavorable pour arrêter un assaillant animé par l'élan de l'attaque.

2. Aussitôt l'ouverture de la tranchée, Cormontaingne prescrit de garnir de fusiliers le chemin couvert du front d'attaque et des fronts collatéraux, et de ne laisser que de très-faibles gardes, de dix hommes par exemple, dans les bastions et dans les demi-lunes en arrière.

Remarque. On a déjà fait observer qu'en général l'assiégeant ne se trouvant point, dès l'ouverture de la tranchée, sous la portée du fusil des chemins couverts, il était superflu d'y placer aussitôt un grand nombre de tirailleurs : qu'ils seraient sans action contre les premiers travaux du siége, tandis que la garnison en serait peut-être trop affaiblie pour achever ses préparatifs de défense. Quant aux ouvrages en arrière, tout en convenant qu'il est inutile d'y placer de fortes gardes, dix hommes dans chaque bastion nous paraissent insuffisans pour préserver le corps de place contre les surprises et les insultes de vive force. Cet objet est cependant du plus haut intérêt. Un gouverneur ne saurait être tranquille, si la sûreté de son corps de place n'est pas parfaitement établie; car un chemin couvert étant aussitôt enlevé qu'attaqué, si l'ennemi en poursuit vivement les défenseurs dans les fossés et jusques derrière la tenaille, n'est-il pas à craindre, lorsque les flancs ne sont pas garnis de fusiliers et d'artillerie, qu'il ne profite de ce silence de la place pour enfoncer la poterne ou même tenter l'escalade?

3. Le Mémorial conseille de diviser la garde du chemin couvert, pendant la nuit, en deux sections, qui se relèvent de deux heures en deux heures pour fournir le feu de mousqueterie sur les têtes de sape; chaque section étant encore divisée en trois tiers, dont un fait feu, tandis que les deux autres lui chargent les armes. Le jour, on ne conserve que six ou huit fusiliers à chaque saillant, et trois ou quatre sur chaque face des ouvrages en arrière, afin de tirer seulement sur les hommes qui se montrent à découvert.

Remarque. Le rôle de la mousqueterie des chemins couverts, indiqué ici comme dans le traité de

Vauban, eût exigé quelques développemens sur la manière de l'exécuter, et sur ses effets. En cherchant plus tard à les présenter, nous aurons occasion de discuter le mode prescrit par le Mémorial pour relever les tirailleurs, mode qui diffère de celui indiqué par Vauban.

4. Cormontaingne décrit ensuite avec détails différens dispositifs : 1°. pour les patrouilles extérieures destinées à reconnaître, à l'entrée de chaque nuit, la marche nouvelle de l'ennemi ; 2°. pour les sorties à faire durant l'investissement, afin d'obliger l'ennemi à reculer ses camps ; 3°. pour les petites sorties contre les têtes de sape, lorsque l'ennemi est parvenu à quinze ou vingt toises du saillant ; 4°. pour les grandes sorties destinées à culbuter les tranchées de l'ennemi ; 5°. pour la défense ou la reprise des ouvrages avancés.

Remarque. Tout en ne faisant qu'indiquer ici le but de ces dispositifs, nous reconnaissons cependant qu'il peut être utile de les suivre dans quelques occasions.

Examinons maintenant les préceptes de Bousmard.

1. Dès que la place est menacée par l'ennemi, la garnison doit se mettre à l'abri des surprises par les dispositions suivantes : 1°. placer des avant-postes au dehors dans des positions avantageuses ; 2°. tenir, durant la nuit seulement, des postes de quinze hommes dans les places d'armes rentrantes du che-

min couvert, lesquels détachent à droite et à gauche, derrière les traverses des places d'armes saillantes, des escouades de quatre hommes ; 3°. placer
aux portes de la ville des détachemens de quinze cavaliers, qui envoient d'heure en heure, pendant toute la
nuit, des patrouilles d'un brigadier et quatre hommes ;
4°. mettre sur chaque flanc du corps de place un
poste de dix hommes ayant deux sentinelles, l'une
à l'angle d'épaule, et l'autre à l'angle de flanc ; 5°. tenir toute prête une réserve centrale de cent cinquante hommes d'infanterie et de quinze cavaliers,
pour se porter immédiatement sur le front d'alerte,
en attendant que la garnison entière, qui doit avoir
ses postes assignés d'avance, vienne repousser
l'ennemi.

Remarque. Dès que la garnison ne peut plus
tenir la campagne, la prudence conseille effective-
ment de placer des postes d'observation dans les
chemins couverts, afin de donner l'alarme en cas
d'une attaque de vive force, sans quoi la garde du
corps de place pourrait être surprise par une attaque soudaine ; mais Bousmard nous paraît trop
compter sur ces gardes extérieures, pour empêcher
le succès d'une pareille attaque, car il réduit la
garde du corps de place à dix hommes par flanc, et
sans doute ce ne serait pas assez pour résister aux
premiers efforts de l'assaillant, jusqu'à l'arrivée de
la réserve centrale.

2. Lorsque la place est investie, Bousmard envoie
à trois ou quatre cents toises des chemins couverts

une centaine d'hommes par front, qui, détachant de petites patrouilles le plus loin possible, contrarient les reconnaissances et cherchent à s'assurer du lieu et du moment de l'ouverture de la tranchée. Des détachemens de cinquante cavaliers aux portes de la place, et des gardes de vingt-cinq hommes aux saillans des chemins couverts, protègent la retraite de ces postes, qui doivent éviter des combats opiniâtres. La nuit, ils se rapprochent jusqu'à cent toises environ des chemins, couverts qui restent gardés, ainsi que le corps de place, comme il est dit précédemment.

Remarque. L'assiégeant approche quelquefois sa ligne et ses postes de contrevallation jusqu'à douze cents mètres des chemins couverts, et dans ce cas on conçoit que des reconnaissances d'infanterie, aventurées à six ou huit cents mètres de la place, risqueraient d'être sabrées par une charge subite de cavalerie : en général, il faut se régler pour les reconnaissances sur la nature du pays et sur l'éloignement de l'ennemi, de manière qu'elles ne courent point le risque d'être coupées de la place et sabrées par la cavalerie. Dans aucun cas il ne paraît prudent de les laisser la nuit à environ deux cents mètres du chemin couvert ; il sera mieux de les faire rentrer, et de les envoyer en patrouille à différentes heures.

3. La nuit de l'ouverture de la tranchée, dit Bousmard, toutes les troupes extérieures se retirent dans le chemin couvert, afin de ne point masquer

le tir de l'artillerie des ouvrages ; elles se réunissent dans les places d'armes rentrantes du front d'attaque, et s'y tiennent prêtes à exécuter une sortie, si le gouverneur juge à propos d'en faire une. Des détachemens de cavalerie galopent sur les travailleurs pour essayer de les disperser.

Le lendemain de l'ouverture de la tranchée, et les jours suivans, Bousmard, après avoir observé avec raison qu'il est inutile encore de placer beaucoup de monde dans le chemin couvert, puisque l'ennemi en est plus éloigné que la portée du fusil, y distribue cependant environ trois cents hommes, ainsi que dans les flèches ou contre-approches qui ont action sur les attaques, et il place la cavalerie aux portes voisines ; les uns et les autres pour faire des sorties sur les travailleurs, ou bien pour occuper au dehors des positions d'où l'on puisse fusiller dans les tranchées. Il ne conserve que la nuit des postes de sûreté sur les flancs du corps de place, et dans les chemins couverts non attaqués.

Remarque. Il paraît difficile que des sorties obtiennent quelque succès dans ces premiers jours du siége, où l'ennemi est fort éloigné et déjà protégé par une parallèle : rarement aussi l'on pourra tenir dans des positions assez voisines des tranchées, pour les inquiéter à coups de fusil ; ce sera donc presque toujours trop que trois cents hommes dans le chemin couvert, et même dans les flèches et contre-approches.

Quant à la garde du corps de place, que Bousmard ne maintient que de nuit, nous pensons au contraire qu'il est indispensable de la conserver le jour comme la nuit, car le salut de la place pourrait être compromis, si une partie de son circuit restait sans garde des journées entières.

4. Lorsque l'assiégeant établit la deuxième parallèle, Bousmard renforce la garde nocturne du chemin couvert, de tous les hommes que les travaux de la défense laissent disponibles, et des gardes de sûreté qu'il retire des flancs du corps de place alors armés d'artillerie. Cette garde, ainsi portée à 580 hommes, est encore augmentée, le jour, des gardes de sûreté des parties non attaquées, et s'élève alors à 760. Plus tard, deux cents hommes que laissent encore disponibles les travaux de la défense permettent de la porter à 960 hommes le jour, avec un bivouac de 390, et à 780 la nuit, avec un bivouac de 480. Elle doit, selon Bousmard, faire un feu continu sur les têtes de sape, le jour comme la nuit, en même temps que l'artillerie des ouvrages en arrière.

Remarque. Ce serait consommer des munitions inutilement, que de faire un feu continu de mousqueterie durant le jour, car des tirailleurs embusqués derrière des créneaux en sacs à terre suffisent alors pour tirer sur les hommes qui se découvrent, et pour obliger par conséquent de ne travailler qu'à la sape pleine. Ce n'est que la nuit, lorsque l'obscurité dérobe les objets à la vue et ne permet plus d'ajuster, qu'il devient nécessaire de faire un feu continu sur les têtes de sape, afin que les sapeurs, exposés à une grêle de balles, ne puissent se découvrir plus que dans le jour, et soient encore forcés de ne travailler qu'à la sape pleine. C'est donc à tort que Bousmard tient la garde diurne du chemin couvert plus nombreuse que la garde nocturne ; il semble que le contraire serait plus convenable. Quant aux feux simultanés de la mousqueterie des chemins couverts et de l'artillerie des ouvrages en arrière, il faut remarquer qu'ils ne peuvent avoir lieu, avec les reliefs ordinaires de la fortification, qu'autant qu'ils sont dirigés sur des points différens, et encore pendant le jour seulement. Mais si le canon d'un ouvrage tirait sur le même point que les fusiliers de son chemin couvert, il est présumable que ceux-ci, craignant d'être atteints par le boulet, lâcheraient la plupart de leurs coups en l'air, et consommeraient des munitions en pure perte.

6. Après l'achèvement de la troisième parallèle, comme on peut craindre que l'ennemi n'insulte aussitôt le chemin couvert, Bousmard en distribue la garde dans les tambours des places d'armes et derrière les deux rangs de palissades qui y sont placés, l'un au pied du talus intérieur, et l'autre sur le terreplein. Si l'ennemi attaque le chemin couvert de vive force, la garde de la première palissade lui fait une décharge au moment où il franchit la parallèle, et se retire derrière la deuxième palissade, d'où elle continue à faire feu en même temps que l'artillerie des ouvrages.

Remarque. Voilà la défense de pied ferme établie en principe par Bousmard ; mais on remarquera que derrière la deuxième palissade, comme derrière la première, non-seulement les défenseurs sont dominés et plongés par l'assaillant, mais encore sont pris d'enfilade et de revers, malgré les traverses, par les fusiliers qui bordent les deux crêtes de la place d'armes saillante. Leur position est donc on ne peut plus défavorable, et, s'ils s'obstinent à tenir derrière cette palissade, leur perte est certaine. Bien plus, déjà peu redoutables pour les travailleurs du couronnement, que la première palissade et la crête du glacis dérobent en partie à leurs coups, ils empêchent encore le tir de l'artillerie et de la mousqueterie des ouvrages en arrière ; en sorte que les travailleurs, presque à l'abri du danger, forment promptement un couvert d'où il est ensuite difficile de débusquer l'assiégeant. La défense de pied ferme du chemin couvert ne peut donc en général avoir de succès, aussi a-t-on vu que Vauban était loin de la recommander. Ensuite, les éclats d'un rang de palissades faisant déjà du chemin couvert un lieu fort dangereux, que serait-ce s'il y en avait deux rangs? Le deuxième étant beaucoup plus exposé que le premier aux coups directs et à ceux d'enfilade et de revers, le chemin couvert, encombré par ce deuxième rang et sillonné par ses éclats, deviendrait tout-à-fait inhabitable. Bousmard, qui défendit avec tant d'art et de vigueur les chemins couverts du front d'attaque de Dantzick, se garda bien, éclairé par l'expérience, d'y établir une deuxième palissade. Suivons son exemple, et non pas son précepte.

7. Si l'ennemi attaque le chemin couvert pied à pied, il essuiera, dit Bousmard, le feu de la première palissade, jusqu'à la construction des cavaliers de tranchée ; mais, dès qu'il partira quelques coups de fusil de ces cavaliers, on abandonnera les places d'armes saillantes, pour se retirer derrière les traverses et le deuxième rang de palissades. Les tambours seuls resteront occupés, et des grenadiers en sortiront, d'heure en heure, pour jeter des grenades sur les têtes de sape. Ensuite, à mesure que l'ennemi étendra son couronnement, on se retirera dans les places d'armes rentrantes, et dans les ouvrages, soit entre les pièces, soit à la place des pièces hors de service, pour continuer à faire feu. Les tambours des saillans resteront seuls occupés, jusqu'à ce que du canon, amené dans le couronnement, force enfin de les évacuer.

Remarque. La remarque précédente fait assez voir que la deuxième palissade du chemin couvert est aussi superflue, dans le cas d'une attaque pied à pied, que dans le cas d'un couronnement de vive force. Nous reviendrons plus tard sur cet accessoire de la défense.

8. La mousqueterie, dit Bousmard, contrarie le travail des batteries de brèche et des contre-batteries, en cherchant à plonger dans leur intérieur, surtout au moment où les canonniers ouvrent les

portières des embrasures, pour remettre les pièces
en batterie.

De petites sorties, des grenades, des artifices,
troublent le passage du fossé.

Enfin, pour défendre la brèche, on entasse au pied
de l'escarpement des matières combustibles auxquel-
les on met le feu, et l'on tient au sommet de petits
corps d'élite qui, empêchant la marche pied à pied
du sapeur, obligent l'ennemi de se loger de vive
force sur la brèche, attirent ainsi beaucoup de monde
au sommet, et se réfugient aussitôt derrière les traverses et dans les retranchemens, pour en laisser
agir l'artillerie et la mousqueterie.

Remarque. Nous remarquerons qu'il n'est guère
possible de tenir de petits corps d'élite au sommet
de la brèche, sans leur ménager des couverts
contre les feux du couronnement. Ils peuvent tout
au plus s'y présenter lorsque la tête de sape, qui
rampe sur le talus de la brèche, est assez rapprochée du sommet, pour que l'ennemi, craignant
d'atteindre ses propres sapeurs, soit obligé de sus-
pendre son feu; mais aussitôt que ceux-ci se retirent en bas de la brèche pour laisser de l'action
aux feux du couronnement, les défenseurs sont
réduits à se cacher bien vite, afin de se mettre à
l'abri.

CARNOT, dans son ouvrage sur la défense des places
fortes, distingue la défense éloignée et la défense

rapprochée. La première a pour but de retarder les travaux de l'attaque, jusqu'à l'établissement de la troisième parallèle à la queue des glacis, et Carnot ne fait guère que l'indiquer d'après les auteurs dont on a parlé précédemment. Cependant on remarque qu'il néglige entièrement le feu de mousqueterie dans toute cette période. « Il est évident, dit-il
» p. 405, que ce feu est absolument perdu, qu'il ne
» fait qu'occasioner la perte presque infaillible des
» fusiliers qui sont à découvert sur les remparts.
» Pourquoi ne pas leur épargner cette fatigue et
» ces dangers? Ne suffit-il pas d'avoir un petit nom-
» bre d'excellens tireurs embusqués, armés de bon-
» nes arquebuses, pour tirer sur tout ce qui se mon-
» trera au dehors, et des pièces de canon très-légè-
» res pour tirer à la dérobée, tantôt d'un point,
» tantôt d'un autre, afin de surprendre et inquiéter
» l'ennemi? »

Remarque. Loin d'être absolument perdu, le feu de mousqueterie offre au contraire un puissant moyen de retarder les travaux de l'attaque, dès qu'ils arrivent sous la portée du fusil des chemins couverts; alors il oblige l'assiégeant de renoncer à la sape volante, et d'employer un genre de chemine- ment beaucoup plus lent, celui de la sape pleine. Le jour, il est vrai, on peut obtenir cet effet d'un petit nombre de tireurs embusqués ; mais la nuit, lorsque l'obscurité ne permet plus de distinguer les objets, c'est par le feu continu d'un grand nombre de tirailleurs placés dans les chemins couverts qu'on cherche à l'obtenir. Ces tirailleurs ne tirent point à découvert comme le suppose Carnot, mais bien à couvert derrière des parapets couronnés de sacs à terre, et leur feu remplace avantageusement la mitraille, qui consomme plus de munitions sans atteindre aussi sûrement le but désiré, celui d'obliger l'assiégeant à se couvrir constamment, de nuit comme de jour, et par conséquent à n'avancer que lentement à la sape pleine. Aussi a-t-on vu que Vauban, Cormontaingne, Bousmard recommandaient spécialement le feu de mousqueterie des chemins couverts, et l'expérience prouve que partout où on l'a employé avec intelligence, il a beaucoup retardé la marche des attaques.

Pour la défense rapprochée, Carnot, après avoir décrit, un peu trop vaguement peut-être, les méthodes suivies jusqu'à présent dans la défense des places, qui assignent le principal rôle aux feux horizontaux, peu satisfait de ces méthodes, consacre un chapitre au développement de ce principe, savoir : *que le véritable systeme de la défense consiste à la convertir en une série d'attaques partielles soutenues par une grande quantité de feux verticaux ;* et ensuite il fait quelques calculs sur l'effet qu'on peut attendre de cette espèce de feux.

« Je suppose, dit-il, qu'on ne commence à faire
» usage de ces feux verticaux qu'à la troisième pa-
» rallèle, parce qu'auparavant les coups seraient trop
» incertains. Depuis cette époque jusqu'à l'ouver-

» ture des brèches, il se passera au moins dix jours.
» d'après les calculs les plus restreints ; il s'agit
» donc de savoir pendant ces dix jours, l'effet qu'au-
» ront produit dans l'armée assiégeante les feux
» verticaux tirés de la place. »

Il calcule aussitôt que le champ occupé par les travaux de l'assiégeant entre la troisième parallèle et les saillans du front d'attaque, est tout au plus de quinze mille toises carrées ;

Qu'en supposant la garnison de quatre mille hommes seulement, il faudra au moins trois mille hommes de gardes de tranchée, qui répartis dans cet espace de quinze mille toises carrées, en occuperont à peu près la cent quatre - vingtième partie ;

Que par conséquent, sur cent quatre-vingt projectiles tirés de la place en ligne parabolique dans cet espace, au moins un doit frapper l'assiégeant ;

Qu'un mortier de douze pouces peut lancer six cents balles d'un quart de livre l'une à chaque coup, et qu'ainsi en plaçant deux mortiers sur les trois saillans du front d'attaque, ou six en tout, on fera pleuvoir trois mille six cents balles à chaque décharge, et que la cent quatre-vingtième partie de ces balles atteignant les assiégeans, on en mettra vingt hors de combat par décharge ;

Que chaque mortier pouvant tirer aisément cent coups en vingt-quatre heures, les six mortiers mettront deux mille hommes hors de combat par jour, et par conséquent vingt mille pendant les dix jours de travaux de la troisième parallèle jusqu'à l'attaque des brèches.

De ces calculs, Carnot n'hésite pas à tirer les conclusions suivantes :

« La force de la garnison a été supposée de quatre
» mille hommes; supposant donc l'armée assiégeante
» cinq fois aussi forte, elle se trouvera de vingt mille
» hommes, c'est-à-dire qu'elle sera entièrement dé-
» truite, avant seulement que d'être en mesure
» d'insulter les brèches.

» Si la garnison était plus forte, l'ennemi per-
» drait des siens en proportion; de sorte que pour
» une garnison de dix mille hommes, il en perdrait
» cinquante mille par la seule action des feux verti-
» caux, indépendamment des autres genres de dé-
» fense et des maladies.

» Je n'ai supposé que dix jours, depuis l'établisse-
» ment de la troisième parallèle jusqu'à l'attaque
» des brèches; mais quelle est la place qui n'en
» exige pas le double et le triple? il est donc im-
» possible de réduire une place quelconque, soit
» petite, soit grande, défendue de cette ma-
» nière, etc. »

Voilà donc toutes les places quelconques impre-
nables, suivant Carnot, et cela par un moyen tellement simple qu'il n'exige que six mortiers, lesquels
ne peuvent être réduits au silence, car il est aisé
de les garantir par des blindages des feux courbes
de l'assiégeant.

Ainsi notre fortification, telle qu'elle est, est excellente, et cependant Carnot lui trouvant plusieurs défauts très-graves, propose immédiatement de la corriger, ce qui l'entraîne à exposer un nouveau système. Il se méfiait donc lui-même de la bonté de ses calculs, et il avait grandement raison.

En effet, nous remarquerons d'abord que les trois mille hommes qu'il suppose de garde de tranchée, ne se placent pas tous dans la troisième parallèle : ils manqueraient d'espace pour s'y développer d'une manière utile, et quelques bataillons de sortie de la garnison les débordant sur un de leurs flancs, et les prenant d'enfilade, les renverseraient d'autant plus aisément, qu'ils ne pourraient point sortir de la parallèle, pour faire front aux assaillans, sans prêter le flanc aux feux de la place ; et quelle protection en temps utile pourraient-ils espérer des réserves du camp stationnées hors de la portée du canon de la place ? Les règles de la tactique prescrivent d'avoir toujours au moins deux lignes. Aussi l'usage est-il de ne placer, pour la garde de la troisième parallèle, qu'un homme par mètre courant, prêt à tirer derrière des sacs à terre rangés en forme de créneaux, ce qui pour un développement d'environ six cents mètres que peut avoir cette parallèle n'exige que six cents hommes. Une autre partie des troupes de garde est placée dans la seconde parallèle, surtout vers les ailes qui, débordant la troisième, la protègent efficacement contre les sorties de flanc ; le reste forme une réserve dans la première parallèle.

Ainsi voilà les trois mille hommes que Carnot suppose en prise aux projectiles verticaux réduits à six cents; et par conséquent le nombre des hommes de garde atteints par les balles réduit à quatre cents.

C'est encore beaucoup sans doute, si ces hommes sont tous mis hors de combat comme le suppose Carnot. Mais le colonel anglais Howard Douglas a fait à ce sujet des expériences curieuses [1]. Il a projeté avec un mortier à la Cochorn, du calibre de 4 pouces 2/5, des charges de quarante-deux balles de quatre onces, ayant $0,^m 032$ de diamètre, et il a reconnu que projetées sous l'angle de quarante-cinq degrés, les balles se dispersaient sur une largeur de huit à dix mètres; que leur chute sur des planches de sapin placées à quatre-vingt onze mètres du mortier, n'occasionait que la faible pénétration d'un millimètre, à peu près comme ferait une balle lancée à la main; et que tombant sur un sol de peu de consistance recouvert d'une toile, elles y pénétraient d'environ cinq centimètres, sans percer la toile. Projetées sous l'angle de soixante-quinze degrés, les balles éprouvaient une dispersion plus grande, mais elles faisaient une impression un peu plus sensible sur les planches, et pénétraient d'environ sept centimètres dans le terrain.

[1] Elles sont rapportées dans le *Mémoire sur l'effet des feux verticaux*, publié, en 1821, par M. le chef de bataillon du génie Augoyat.

Le colonel Douglas conclut de ses expériences :
1°. que les balles de quatre onces, lancées en feux
verticaux, ne seraient pas meurtrières, et s'amorti-
raient contre de simples cuirs, dont les hommes se
couvriraient la tête et les épaules; 2°. que le tir des
balles dans les mortiers est très-incertain, plusieurs
épreuves ayant toujours été nécessaires sous les divers angles de pointage, pour atteindre une aire de
soixante-douze mètres carrés, préparée pour observer les effets de la chute des balles, aire qui serait
celle d'une tranchée de 5^m,00, de largeur sur 14^m,40
de longueur; 3°. que l'augmentation de l'angle de
pointage fait augmenter considérablement la dispersion des balles.

Il est donc indispensable, d'après cela, de recourir
à des balles plus pesantes que celles de quatre onces;
mais alors les mortiers lancent moins de balles, et
par conséquent le danger diminue en raison de la
diminution du nombre des projectiles. Mais quelle
doit être la pesanteur d'une balle capable de faire
des contusions qui mettent les hommes hors de
combat? Ici l'expérience des siéges vient un peu
nous éclairer; car le moyen que propose Carnot
n'est point nouveau; tous les auteurs le prescrivent;
dans presque tous les siéges on s'en est servi, et il
est peu de places attaquées qui n'aient employé
à leur défense au moins six pierriers. On a même
été plus loin que Carnot, car on a employé pour
projectiles des grenades, qui, outre le danger de
leur chute, font éprouver des dangers plus mul-

tipliés par leurs éclats. Enfin, Cormontaingne dit
au sujet de cette espèce de feux : « On doit remar-
» quer que lorsqu'il arrive une bombe à terre, ceux
» qui se touvent à portée de sa chute ont soin de
» se coucher pour en éviter les éclats ; c'est dans
» ce moment que l'on doit tirer les pierriers, car
» leurs projectiles trouvent alors bien plus de prise
» sur des gens étendus par terre que lorsqu'ils
» étaient debout, et ils ne peuvent les éviter. »
(*Mémorial pour la défense*, pag. 200.) Puisque donc
le moyen des feux verticaux était connu, qu'on en
avait très-souvent fait usage, que même on l'avait
perfectionné, que cependant il n'avait point sauvé
les places assiégées, et qu'on avait continué à ne le
regarder que comme un accessoire, il faut bien que
des calculs qui mettent vingt mille hommes hors de
combat en dix jours de temps, avec six mortiers, soient
très-exagérés. L'expérience des siéges nombreux où
l'on a lancé des projectiles avec des pierriers et des
mortiers, prouve que ceux qui pèsent moins de deux
livres ne mettent point les hommes qu'ils atteignent
hors de combat, et que même la plupart de ceux de
ce poids qui ne frappent pas la tête, ne font que de
faibles contusions. Aussi ne lance-t-on pas de grenades au-dessous du poids de deux livres, et quand
on emploie des pierres, on les choisit du poids de
quatre ou cinq livres. Ainsi, en supposant des grenades de deux livres, les mortiers ne pourront plus
en projeter que soixante-dix à quatre-vingts par coup,
ou la huitième partie du nombre des balles de quatre

onces, ce qui réduira à un nombre huit fois moindre celui des hommes atteints. Or, comme nous avons déjà vu que les balles de quatre onces n'atteindraient que quatre cents hommes par vingt-quatre heures, nous n'en trouverons plus que cinquante, atteints par des projectiles de deux livres. Mais il faut encore observer que l'expérience des siéges où l'on a le plus employé les grenades prouve qu'elles ne sont pas très-redoutables. Deux causes en atténuent l'effet : d'abord tous les hommes atteints ne sont pas mis hors de combat; ensuite, les hommes s'en garantissent aisément. Au siége de Dantzick, où les assiégés nous lançaient jour et nuit une grêle de grenades et de pierres, les soldats de garde dans la troisième parallèle avaient imaginé de faire des espèces d'appentis en fascines, soutenus sur des fourchès; et ces frêles et grossiers abris suffisaient pour les garantir de la chute de ces projectiles, ou du moins pour amortir la violence de leur choc. Aussi durant les vingt-huit jours que l'assiégé nous disputa les glacis et le couronnement du chemin couvert, nous ne croyons pas que les pierres et les grenades aient mis cinquante hommes hors de combat. Au reste, si l'assiégé s'avisait de multiplier beaucoup les pierriers et les mortiers, il serait facile de garantir les soldats de garde dans les tranchées, en les recouvrant d'un grand capuchon de cuir retombant sur les épaules, ou plus simplement et plus économiquement encore, en les coiffant d'une espèce de panier d'osier, moyen qu'employèrent les soldats de César, lorsqu'ils as-

siégeaient l'armée de Pompée dans son camp de
Dyrrachium , afin de s'abriter des pierres qu'on leur
lançait avec des catapultes et des frondes.

Carnot va jusqu'à conseiller de tirer le fusil sous
l'angle d'environ 45 degrés ; mais on ne peut
ignorer que des fusils tirés à 45 degrés avec la
cartouche ordinaire, chasseraient la balle par delà
toutes les parallèles, à plus de mille mètres de
la place, et que cette balle morte pesant moins
d'une once ne donnerait qu'un choc presqu'in-
sensible.

Nous avons cru nécessaire de chercher à dissiper les illusions de Carnot sur l'effet exagéré des
feux verticaux , afin que l'autorité de son nom
n'entraînât pas à les employer aux dépens des feux
horizontaux.

En résumé, l'on peut juger d'après l'examen que
nous venons de faire des principaux ouvrages qui
traitent de la défense des places , que s'ils renfer-
ment plusieurs bons préceptes sur l'emploi des
petites armes, ils en offrent aussi qu'il pourrait
être dangereux de suivre, et que les premiers eux-
mêmes sont presque tous trop peu développés ,
pour se prêter facilement aux applications particu-
lières. Réunir ceux que l'expérience a confirmés,
les développer, les coordonner ensemble , poser
quelques bases sur le nombre d'hommes qu'ils exigent, tel est le but que nous nous proposons dans

ce mémoire. Afin de faire voir que l'application de ces principes n'élève pas généralement la force des garnisons au-delà des proportions ordinaires, nous les appliquerons au dodécagone régulier fortifié suivant le système de Cormontaingne, place qui déjà nous a servi d'exemple en traitant de l'emploi de l'artillerie.

DES DIFFÉRENTES
PÉRIODES DE LA DÉFENSE.

Les besoins de la défense variant avec les progrès de l'attaque, ils appellent à diverses époques des changemens dans le dispositif des troupes et dans l'emploi des petites armes. On nomme *période* la durée d'un même dispositif, et nous divisons la durée totale de la défense en sept périodes, comme nous l'avons déjà fait dans notre mémoire sur l'armement des places, une même division devant faciliter la comparaison des deux rôles que les petites armes et l'artillerie sont appelées à jouer dans la défense, ainsi que le calcul de la garnison nécessaire à chaque période. Voici cette division.

Première période. Investissement de la place.

Deuxième période. Ouverture de la tranchée, et travaux de l'assiégeant jusqu'à l'établissement de ses premières batteries.

Troisième période. Ouverture du feu des batteries de l'ennemi, et travaux à la sape volante jusqu'aux demi-places d'armes.

Quatrième période. Cheminemens à la sape pleine jusqu'à la troisième parallèle

Cinquième période. Construction de la troisième parallèle, et cheminemens jusqu'aux cavaliers de tranchée.

Sixième période. Couronnement du chemin couvert, soit de vive force, soit pied à pied.

Septième période. Construction des batteries de brèche, descentes et passages de fossés, et logemens sur les ouvrages.

PREMIÈRE PÉRIODE.

Investissement de la place.

Dès qu'une place est menacée par le voisinage de l'ennemi, et sans attendre qu'elle soit investie, le gouverneur a plusieurs dispositions à prendre pour se mettre en mesure de résister aux attaques. Il doit se garder contre les surprises, faire sortir des détachemens pour avoir des nouvelles de l'ennemi, en envoyer d'autres pour rassembler des vivres, faire exécuter divers travaux pour la mise en état de défense, compléter et organiser sa garnison, régler le mode de service, etc. Mais ces dispositions préliminaires n'étant pas spécialement relatives aux petites armes, elles ne nous occuperont point dans ce mémoire. Bornons-nous seulement à indiquer l'une des plus intéressantes, que nous aurons souvent occasion de rappeler, la formation d'un *bataillon d'élite*.

Si dans toutes les actions de la guerre un habile général a soin de s'entourer d'un corps d'élite, qu'il puisse porter, dans les momens décisifs, sur les points où il craint des succès de l'ennemi, ou dont il puisse l'accabler pour convertir de premiers échecs en déroutes complètes, il est avantageux aussi pour le gouverneur d'une place assiégée d'avoir toujours sous la main une réserve d'élite, prête à renforcer subitement les points où des succès de l'attaquant mettent la place en danger, à le fatiguer par des sorties, à reprendre des ouvrages où il serait mal établi, à défendre les brèches, en un mot, à porter tous les coups de vigueur que réclame la défense. Ce sera surtout dans le cas très-ordinaire d'une garnison formée d'élémens faibles ou hétérogènes, qu'un gouverneur sentira tout le prix de cette réserve pour donner l'exemple et l'élan au reste de la garnison, et, au besoin, pour contenir les mutins. Aussi aura-t-il soin de la stimuler par l'appât des récompenses, de l'honorer par des marques distinctives, de lui donner une solde plus forte, et, afin qu'elle soit toujours prête à combattre, de ne point y prendre de travailleurs. Mais comment former cette réserve d'élite? La composera-t-on de soldats choisis isolément dans différens corps de la garnison? Ce mode aurait l'inconvénient de réunir des hommes qui, étrangers les uns aux autres, ne prendraient qu'après un certain temps l'esprit de corps et la confiance mutuelle, sans lesquels il n'y a point de bonne troupe. D'ailleurs les chefs de corps, au lieu d'envoyer pour cette réserve leurs meilleurs soldats, pourraient profiter quelquefois de l'occasion pour se défaire des plus mauvais sujets, et l'on n'atteindrait pas le but désiré. Il paraît préférable de réunir, à cet effet, un nombre convenable de compagnies d'élite des bataillons dont se compose la garnison, et d'en former un seul bataillon, auquel on donnera pour chef un homme de tête, de cœur et de main.

On a vu, dans notre Mémoire sur l'armement des places, que, dès qu'une forteresse était menacée d'une attaque sérieuse, il fallait compléter son *armement de sûreté*, de manière à flanquer tout le développement de l'enceinte et les dehors, à forcer l'ennemi d'éloigner ses camps, et à se trouver en mesure de tirer à mitraille sur l'ouverture de la tranchée. Alors aussi la garnison doit compléter ses dispositions de sûreté, ce qui consiste à garder l'enceinte, les chemins couverts et les dehors, et à tenir quelques postes dans la campagne afin de s'opposer aux reconnaissances de l'ennemi, et de découvrir l'ouverture de la tranchée.

Garde du corps de place. La crainte des surprises et des attaques de vive force nous fait considérer comme le premier besoin de la défense une garde exacte du corps de place. Sans elle, en effet, sur quoi peut reposer la sécurité de la garnison? Ce n'est point sur des postes extérieurs, ni sur la garde du chemin couvert. Car il est vraisemblable que ces troupes, attaquées par un ennemi entreprenant et supérieur en nombre, ne pourraient faire qu'une faible résistance, et seraient poursuivies, l'épée dans les reins, jusque dans les fossés, où elles trouveraient difficilement à rentrer dans la place, sans risquer de voir l'assaillant y pénétrer pêle-mêle avec elles. D'ailleurs, supposé que leur retraite se fît heureusement, effrayées et en désordre, on ne pourrait guère compter sur elles pour défendre l'enceinte contre une escalade immédiate. Des réserves réunies sur différens points dans l'intérieur de la place, et prêtes à se porter contre l'assaillant n'offriraient pas encore une garantie suffisante pour empêcher le succès d'une attaque soudaine. Prévenues trop tard, ou mal dirigées, au milieu d'une nuit obscure, elles courraient le risque de n'arriver sur l'ennemi que lorsque, déjà maître de quelques points de la place, il pourrait s'y précipiter par flots nombreux. Que le corps de place soit donc gardé avec soin sur tout son développement, de manière que l'ennemi, non-seulement ne puisse se présenter sur aucun point de l'enceinte sans être aussitôt découvert, mais encore éprouve une résistance capable d'arrêter ses premiers efforts.

Pour garder complètement l'enceinte, il est nécessaire de former une chaîne de sentinelles, espacées de manière à pouvoir, même de nuit, sinon apercevoir, du moins entendre ce qui se passe entre elles, et se transmettre, par tous les temps, le cri d'alerte et le mot *garde-à-vous*, qu'elles doivent se répéter de quart d'heure en quart d'heure. Or, la voix d'un homme ordinaire, lorsque l'air est agité par un vent impétueux ou qu'il tombe une forte pluie, ne s'étend guère à plus de cinquante-cinq ou soixante mètres. D'ailleurs, cette distance paraît convenable pour que l'assaillant ne puisse pénétrer entre deux sentinelles sans être entendu. Tel est donc l'intervalle que nous proposons de laisser entre les sentinelles. Placées sur le parapet, elles doivent promener leurs regards vers la campagne, observer les fossés, prêter l'oreille au bruit, se tenir prêtes à faire feu sur l'ennemi et à donner l'alerte à leurs postes respectifs. Ceux-ci seront placés sur le terre-plein du rempart, ayant auprès d'eux des dépôts de grenades, d'obus, de pots à feu, de fascines goudronnées ou d'autres objets qu'ils puissent jeter ou rouler sur l'ennemi, entassé au pied de l'escarpe pour y dresser des échelles. Leur force sera réglée à raison de trois hommes par sentinelle [1], et ils seront assez multipliés pour que chacun d'eux puisse entendre le cri d'alarme de toutes ses sentinelles, et soit à portée de les secourir. D'où l'on voit que, les sentinelles placées sur le parapet

[1] « Il sera compté ordinairement sur le pied de quatre hommes pour fournir une sentinelle, et dans les cas indispensables sur le pied de trois. » (Ordonnance pour régler le service dans les places et dans les quartiers, du 1ᵉʳ. mars 1768, titre 7, article 8

étant déjà espacées autant que le permet l'étendue
de la voix, chaque poste n'en fournira que deux ou
trois, et se composera par conséquent de six ou de
neuf hommes, non compris le chef du poste.

La garde d'un front bastionné de 360 mètres de
côté extérieur, dont le parapet a 420 mètres environ de développement, exige, de la sorte, une sentinelle au saillant de chaque bastion, une au milieu
de chaque face, une sur chaque angle d'épaule, et
une près de chacune des extrémités de la courtine,
ce qui fait huit sentinelles pour un front isolé, et
sept sentinelles seulement pour chaque front d'une
enceinte continue. Les trois sentinelles du bastion
seront fournies par un poste de neuf hommes et un
sous-officier, placé sur le terre-plein du saillant :
la sentinelle d'un angle d'épaule et celle de la demi-
courtine adjacente seront fournies par un poste de
six hommes et un caporal, placé sur le terre-plein
du flanc. Il faudra donc trois postes formés de vingt-
un soldats, deux caporaux et un sergent, en tout
vingt-quatre hommes, pour la garde d'un front ordinaire du corps de place.

La surveillance de ces postes ne permet sans doute
d'avoir aucune crainte que l'ennemi se présente sur
quelque point de l'enceinte sans être aperçu ; mais
ne nous dissimulons pas leur insuffisance, dans
le cas d'une attaque de vive force, pour arrêter la première fougue de l'assaillant, et donner
le temps au gouverneur d'envoyer du secours.
Aussi est-il nécessaire de les soutenir, sur chaque

front de la place, par une réserve prête à défendre les points attaqués, en se portant, soit aux flancs pour y tirer les fusils de rempart dont ils doivent être armés, soit directement sur l'assaillant s'il gravit déjà ses échelles. La force de cette réserve ne peut guère être fixée invariablement : elle dépend de la nature des fortifications, des difficultés plus ou moins grandes qu'elles offrent aux surprises ou à l'escalade. Si l'on est couvert par une inondation, si les fossés sont pleins d'eau, ou si les escarpes sont fort élevées, des réserves nombreuses seront superflues; il en faudra de plus fortes, si les escarpes et contrescarpes sont peu élevées, si l'eau des fossés est gelée, etc. Mais avec des fossés secs et des revêtemens d'escarpe de dix mètres de hauteur, il paraît suffisant de porter la réserve d'un front à trente hommes. Elle stationnera habituellement auprès de la poterne du front, et fournira deux sentinelles, l'une pour la surveillance du poste, et l'autre pour garder la poterne. Cette dernière sentinelle, placée dans la poterne même, se tient aux écoutes près de la porte extérieure, et aussitôt qu'elle entend du bruit elle jette le cri d'alarme et est secourue par quelques hommes de la réserve. Dans le cas où l'ennemi viendrait à pétarder cette porte, la sentinelle, se réfugiant à la porte intérieure, la fermerait aussitôt, et par ce nouvel obstacle donnerait le temps aux secours d'arriver en force.

Garde des chemins couverts. L'objet des chemins

couverts est de favoriser les reconnaissances et les sorties, de surveiller les contrescarpes et leurs communications, et de rapprocher des travaux ennemis
les tirailleurs qui doivent les inquiéter par le
feu de mousqueterie. A cette période du siége, les tirailleurs y sont inutiles, puisque l'ouverture de la
tranchée se fait hors de la portée du fusil, même
du fusil de rempart : restent la surveillance des contrescarpes et les reconnaissances.

Nous obtenons la surveillance des contrescarpes
de la même manière que celle des escarpes, par une
chaîne de sentinelles espacées entre elles d'environ
soixante mètres, qu'on placera particulièrement
vers les saillans, pour mieux découvrir la campagne,
et vis-à-vis des communications, afin que personne
ne puisse y pénétrer sans être aperçu. Ainsi, pour
le front de Cormontaingne, il faudra une sentinelle
au saillant du chemin couvert de chaque bastion,
une au saillant de chaque place d'armes rentrante,
une au saillant du chemin couvert de la demi-
lune, et deux sur chaque branche de cet ouvrage,
ce qui fera neuf sentinelles pour un front isolé, et
seulement huit pour chacun de plusieurs fronts
contigus. Ces sentinelles seront fournies pas deux
postes de douze fusiliers, commandés chacun par
un sergent. On les mettra dans les places d'armes
rentrantes, près de la communication avec le fossé,
position évidemment la plus favorable qu'ils puissent
prendre, pour soutenir leurs sentinelles et protéger
leur retraite. En cas d'insulte, les sentinelles jettent

le cri d'alarme, tirent leurs coups de fusil, et
se replient sur leur poste : celui-ci échange quelques coups de fusil avec l'ennemi pour le reconnaître, et s'il l'aperçoit en force, il se réfugie aussitôt dans le réduit de la place d'armes, ou bien,
s'il n'y a pas de réduit, il descend dans le fossé
du corps de place, et se retire derrière la tenaille.
Mais on se gardera bien d'ouvrir la poterne aux
fuyards, pour les recevoir dans la place, de peur
que l'ennemi, les poursuivant l'épée dans les reins,
n'entre pêle-mêle avec eux. A leur arrivée derrière
la tenaille, on les fera monter sur cet ouvrage,
d'où ils tireront sur les agresseurs qui se seraient
introduits dans le fossé.

Cette chaîne de sentinelles et ces postes d'observation dans les chemins couverts, forment le meilleur
dispositif pour garantir la place de toute surprise.
Autrement il serait possible que l'ennemi, favorisé
par l'obscurité de la nuit, et par le bruit d'un vent
impétueux, arrivât jusqu'au pied du mur de l'enceinte sans être vu ni entendu, appliquât ses échelles, et escaladât avant que la réserve n'eût le temps
de secourir les points attaqués. Cependant comme
ces postes d'observation sont moins nécessaires le
jour que la nuit, une garnison faible peut alors se
dispenser de les fournir. Dans le cas aussi où les
chemins couverts sont séparés du corps de place par
des fossés pleins d'eau, l'enceinte étant à peu près
inabordable, la chaîne des sentinelles avancées du
chemin couvert devient superflue, ainsi que les

postes des places d'armes rentrantes, dont la retraite d'ailleurs serait fort compromise.

Garde des demi-lunes. Sans doute que lorsque les dispositions de l'ennemi n'annoncent point un siége prochain, la faible garnison qu'on laisse alors dans une place peut négliger de garder les dehors. Que gagnerait l'ennemi à entrer dans une demi-lune, sous le feu très-rapproché du corps de place ? Eût-il le temps de désorganiser quelque partie de l'ouvrage, privé des moyens nécessaires pour entamer l'enceinte et continuer une attaque sérieuse, cette fantaisie n'aboutirait qu'à lui faire perdre des hommes inutilement. Mais s'il se présente avec des forces et des moyens suffisans pour faire craindre un siége, il pourrait trouver un grand intérêt à pénétrer de nuit dans la demi-lune du front qu'il se propose d'attaquer, à désorganiser cet ouvrage en crevant, par l'explosion de quelques barils de poudre, ses passages voûtés, ses galeries de mines, ses casemates ; entreprise qui aurait plusieurs chances de succès si la demi-lune n'était point gardée, car une simple compagnie d'assaillans ferait replier les postes d'observation du chemin couvert, et braverait, sans beaucoup de danger, les feux du corps de place, mal dirigés pendant la nuit. L'ennemi aurait peut-être le temps, avant le jour, abrité des feux du corps de place par les traverses du chemin couvert, de creuser derrière la contrescarpe des puits de mine, qu'il chargerait

sans bourrage, afin de renverser le revêtement
en se retirant, et de détruire la communication
du chemin couvert. On pourrait même craindre,
dans le cas où les demi-lunes auraient une grande
saillie sur le corps de place, qu'il ne parvint à
à pratiquer des sapes volantes sur les glacis de
deux demi-lunes voisines, et à les unir par une
parallèle, avec des communications en arrière.
Enfin, et c'est ici une raison déterminante pour
garder les demi-lunes, la garnison serait humi-
liée par les expéditions audacieuses de petits détachemens qui viendraient de nuit la braver dans
des ouvrages aussi rapprochés de la place, égorger leurs canonniers et enclouer leur artillerie.
Son moral s'affaiblirait dès le commencement du
siége, et l'assiégeant, au contraire, en condui-
rait ses attaques avec plus de résolution et de
fermeté.

Nous espacerons les sentinelles des demi-lunes,
comme celles de l'enceinte et des chemins couverts,
d'environ soixante mètres, ce qui exigera pour les
grandes demi-lunes cinq sentinelles, dont une au saillant et deux sur chaque face. L'une de celles-ci, placée
près de l'épaule, surveillera la gorge de l'ouvrage, et
sa communication. Il faudrait un poste sur chaque
face de la demi-lune, pour que les sentinelles s'en
fissent entendre sans intermédiaire; mais cette con-
sidération, si puissante pour le corps de place, où
le cri d'alerte doit sur-le-champ faire accourir un
poste au secours de la sentinelle, cède ici à la

nécessité de pouvoir se porter promptement à la
défense du saillant, qui est le point le plus attaquable de l'ouvrage. Ainsi nous n'aurons dans la
demi-lune qu'un seul poste, placé sur le terre-
plein près du saillant, qui, à raison de trois
hommes par sentinelle, sera fort de quinze soldats, plus un caporal et un sergent, en tout dix-
sept hommes.

Ce poste est-il forcé par l'assaillant dans la demi-
lune : il court se réfugier dans le réduit de cet
ouvrage, ou bien, à défaut de réduit, il se retire
dans le fossé de la place, derrière la tenaille. Il
n'est pas nécessaire de lui donner de réserve immédiate, car sa véritable réserve est dans les feux
de mousqueterie et d'artillerie de la courtine et
des bastions. Nous ne nous dissimulons pas, au
reste, sa faiblesse contre une forte colonne assaillante; mais du moins il aura l'avantage de forcer
l'ennemi à déployer beaucoup de troupes sous le
feu du corps de place, pour entrer dans un ouvrage qu'il ne peut garder; et alors, quand même
il réussirait à escalader l'ouvrage et à s'y main-
tenir assez de temps pour y causer quelques dé-
gâts, il s'apercevrait bientôt que ce serait acheter
ce résultat trop chèrement.

Reconnaissances et postes extérieurs. Tous les
postes que nous venons de distribuer sur l'enceinte
et sur les dehors, n'ont pour objet que la défense immédiate de la place. Mais ce serait beau-

coup trop restreindre le rôle de la garnison que de
la renfermer sur-le-champ en deçà des chemins couverts, et de la réduire à un rôle purement passif.

Deux motifs importans nous engagent à tenir du monde en dehors des chemins couverts ;
empêcher la reconnaissance de la place, et ne pas
nous laisser surprendre l'ouverture de la tranchée.
C'est au moyen de reconnaissances, sortant des
chemins couverts à différentes heures de la nuit pour
battre la campagne, et de quelques postes placés
pendant le jour au delà des glacis, que nous attein-
drons ce double but.

Les reconnaissances de nuit partiront des saillans les plus avancés du chemin couvert, pour se porter
jusqu'à deux ou trois cents mètres en avant, chercher
à envelopper et à prendre les officiers qui s'approche-
ront de la place, prêter l'oreille au bruit de l'ouverture de la tranchée, et découvrir les postes ennemis.
La prudence leur permettra rarement de se porter plus loin, de peur d'être coupées de la place par
des détachemens de cavalerie ou même d'infanterie.
Il ne faudra d'ailleurs envoyer que peu d'hommes
à ces courses nocturnes, qui ne sont pas sans danger ; s'ils sont découverts, ils se dérobent plus
aisément aux poursuites de l'ennemi ; et en cas qu'il
leur arrive malheur, la garnison est affaiblie par
une perte peu sensible. Quinze hommes, formant
un corps de patrouille de dix à douze hommes,
précédé d'une petite avant-garde, nous paraissent
suffire pour chaque front. Leur rôle intéressant et

difficile exige des soldats braves et intelligens, des soldats d'élite, en un mot, bien commandés et bien con-
duits. Toutefois, on comprend que nous nous bornons
à indiquer ce qui est indispensable, et qu'un gouverneur peut faire plus, si l'ennemi se montre faible,
timide et irrésolu. Nous lui conseillons cependant
d'être fort prudent à cet égard, et denc pas sacri fier
follement beaucoup de troupes à tenir la campagne, ce qui, affaiblissant et intimidant le reste de la
garnison, nuirait à la défense de la place.

Des reconnaissances de cavalerie seront plus
efficaces encore que celles d'infanterie, pour effrayer et disperser les reconnaissances de l'ennemi. Ainsi, l'on emploiera la cavalerie de la garnison à battre la campagne pendant la nuit,
jusqu'à cinq ou six cents mètres des chemins couverts; et pour cela on établira de deux portes
en deux portes de la place, une trentaine de
cavaliers, qui feront la reconnaissance en sortant par
une porte et rentrant par une porte voisine, à
moins que quelques obstacles, en s'opposant à la
circulation, ne les forcent à rentrer par la même
porte. Il sera nécessaire de combiner les heures de
sortie de ces reconnaissances d'infanterie et de cavalerie, de manière qu'elles ne puissent se ren-
contrer dans la campagne, et se prendre mutuelle-
ment pour ennemis. Par exemple, dans l'hypothèse
où elles ne resteraient pas dehors plus d'une
heure, les premières pourraient sortir aux heures
paires de la nuit seulement, et les autres aux

heures impaires, ce qui leur donnerait une heure
de repos entre deux sorties consécutives.

De jour, les reconnaissances d'infanterie de
la nuit se changent en postes fixes, qui s'éta-
blissent à environ 300 mètres des saillans. Là, ils
pratiquent, dans des positions avantageuses, de
petites tranchées en forme de flèches, dont les
branches soient bien enfilées des feux de la place,
et ils s'y tiennent couverts contre les coups de
canon que l'ennemi peut leur adresser, attentifs à
tout ce qui se passe de son côté, aux mouvemens
de ses troupes, à l'établissement de ses parcs, de
ses dépôts de tranchée, et tirant sur tout ce qu'ils
voient s'avancer pour reconnaître la place. Parfaitement soutenus, à cette faible distance, par l'artillerie des remparts, ils ne courent point le risque d'être enlevés, car la ligne de contrevallation
de l'ennemi ne pouvant guère resserrer la place
à moins de douze cents mètres, sans tomber sous
la bonne portée de son canon, ils auront toujours
le temps d'échapper même à des pelotons de cavalerie, qui s'élanceraient pour les tailler en
pièces, et qui seraient eux-mêmes criblés de
mitraille.

Quant aux détachemens de cavalerie, il sera
bon de les conserver durant le jour dans les demi-
lunes des portes, où ils seront prêts à fondre sur
tous les partis ennemis qui s'approcheraient imprudemment de la place.

Les dispositions précédentes exigent pour la garde

d'un front de 360 mètres, fortifié suivant le système de Cormontaingne, savoir :

                                     hommes.

Garde de l'enceinte.   24
Réserve.   30
Garde d'une grande demi-lune.   17
(Il faudrait deux sentinelles de moins sur une petite demi-lune, ce qui réduirait le poste à 11 hommes.)
Postes d'observation du chemin couvert. .   26
Reconnaissance d'infanterie.   15

                              Total. 112

On remarquera que les postes d'observation du chemin couvert, les reconnaissances, et la garde de la demi-lune ne sont nécessaires que pour les places investies et menacées de siége : dans toutes les autres, on peut se borner à bien garder l'enceinte, ce qui n'exige que 54 hommes par front.

On remarquera aussi que, même pour les places investies et menacées de siége, les postes d'observation du chemin couvert et les gardes des demi-lunes deviennent inutiles, lorsque les fossés sont pleins d'eau, ce qui diminue la garde de 43 hommes, et la réduit par conséquent à 69 hommes par front.

L'usage, dans les places assiégées, est de ne pas exiger des hommes un service continu de plus de 24 heures. Une durée plus longue compromettrait

l'exactitude du service ; car le soldat, harassé, ne
s'acquitterait plus de son devoir qu'avec négli-
gence. L'on a vu, il est vrai, de petites garnisons,
telles que celle du château de Burgos, camper
tout entières sur les ouvrages qu'elles avaient à
défendre. Mais cet effort ne peut guère se soutenir
que lorsqu'on a plutôt à craindre des attaques de
vive force qu'un siége régulier. Lorsque l'assiégeant,
muni d'un parc de siége complet, peut établir les
batteries qu'exigent des attaques méthodiques, les
défenseurs, tenus constamment dans les ouvrages,
seraient tellement tourmentés par une grêle de
projectiles, qu'ils ne pourraient goûter aucun repos ; cet état de malaise et de souffrance, prolongé,
engendrerait des maladies, et par conséquent l'affai-
blissement et le découragement qui en sont les suites.
Ainsi, la raison est ici d'accord avec l'usage pour
relever la garde de la place toutes les 24 heures.
Mais on remarquera que si l'on relevait journellement les officiers commis en chef à la garde des
fronts, on pourrait craindre qu'il ne s'en trouvât
quelques-uns qui, peu au fait de toutes les précautions nécessaires pour la sûreté de la place, et n'ayant
qu'une responsabilité de courte durée, s'acquittas-
sent de leur devoir avec inexactitude, et compro-
missent le salut de la place, souvent faute de connaître suffisamment la forme et l'utilité des ouvrages.
Le gouverneur se soulagera d'un cruel sujet d'in-
quiétude, s'il confie la surveillance de chaque front
à un commandant permanent, choisi parmi les offi-

ciers d'état major, ou, à leur défaut, parmi les
autres officiers de la garnison. Cet officier, chargé
constamment du même service et d'une responsabilité de tous les instans, se mettra promptement au niveau de ses fonctions, n'eût-il aucune
notion de la fortification. Sa demeure sera près de
la réserve du front, dans un petit blindage au
pied du rempart. Il commandera toutes les troupes
du front, tant celles des dehors, que celles de
l'enceinte. C'est lui qui relèvera les gardes, déterminera l'emplacement des postes et des sentinelles,
et leur donnera la consigne. Il aura la clef de la poterne, et jamais on ne l'ouvrira pour les besoins du
service, qu'il ne soit présent. Il fera des rondes
fréquentes, surtout de nuit, pour s'assurer que
ses ordres s'exécutent avec ponctualité. En cas
d'alerte, il accourra à la tête de sa réserve, et
prendra les dispositions convenables aux besoins
du moment.

La place ainsi gardée sur tout son développement, on ne peut douter que l'ennemi, sur quelque point qu'il se présente, ne soit découvert aussitôt par les sentinelles, et n'éprouve des postes et
de la réserve du front insulté une première résistance. Mais il est nécessaire de former dans l'intérieur de la place une réserve centrale prête à renforcer subitement le point attaqué, car on courrait
le risque que les premières dispositions ne pussent
retarder assez le succès d'une attaque vigoureuse,
pour qu'on eût le temps de faire prendre les armes

à la garnison et d'envoyer des secours. Il faut d'ailleurs éviter de battre la générale et de fatiguer les
troupes par des alarmes insignifiantes, de peur
qu'elles ne mettent ensuite de la nonchalance à se
porter contre une attaque sérieuse. Une réserve centrale et formée de soldats d'élite, en donnant de la
confiance aux gardes partielles des fronts par l'es-
poir d'un prompt secours, offrira encore assez d'obstacle à l'assaillant, pour que la garnison entière ait
le temps de prendre les armes et de venir border
les remparts, si le besoin l'exige. Cette réserve, d'environ cent cinquante hommes, sera fournie par le
bataillon d'élite, et bivouaquera près du logement
du gouverneur.

Nous avons dit que les flancs du corps de
place devaient être garnis de fusils de rempart, armes indispensables dans la défense des
places. Remarquez en effet que dans un front
ordinaire de fortification de 360 mètres de côté
extérieur, le saillant du bastion est à plus de
250 mètres de la ligne de feu du flanc opposé, tandis
qu'à 240 mètres, le fusil ordinaire d'infanterie ne
porte déjà plus que des coups incertains, que
c'est même à 140 mètres seulement que se borne sa
grande justesse; qu'ainsi l'assaillant peut placer des
échelles sur une grande longueur des faces des bastions, et escalader rapidement, sans être arrêté par
les coups impuissans des fusils ordinaires des
flancs. Le fusil de rempart, par sa longue portée,
promet plus de succès. Il est vrai que les circonstances

de son tir ne sont pas encore bien connues , que même
le modèle n'en est pas définitivement arrêté (1826):
mais les essais déjà tentés par MM. les officiers d'artillerie ne permettent pas de douter qu'ils n'obtiennent bientôt un modèle qui réunisse la commodité du
service à l'amplitude et à la justesse du tir. Nous placerons en batterie permanente sur les flancs du corps
de place, un nombre de fusils de rempart égal à la
quantité de défenseurs dont on peut les garnir. Ainsi
la réserve, qui dans l'occasion peut se porter tout
entière aux flancs, étant de vingt-huit fusiliers, et
les postes des flancs de douze fusiliers, c'est quarante fusils de rempart qu'il faudra par front, ou
vingt par flanc, sans compter les rechanges.

Il nous resterait à parler des ouvrages avancés :
mais il est difficile de poser des règles sur la manière
de garder des ouvrages dont le tracé, la capacité,
l'organisation, l'éloignement de la place sont aussi
variables. Tout ce que nous pouvons faire, c'est d'indiquer quelques préceptes généraux, qu'on modi-
fiera dans l'application suivant les localités.

Il est évident qu'il y faut une chaîne de sentinelles
sur les remparts, comme pour les ouvrages de la
place, et qu'il faut l'étendre de plus à la surveillance de la gorge, qui est ordinairement la partie
faible de ces sortes d'ouvrages.

S'ils ont un fossé sec avec chemin couvert, la prudence conseille de mettre des avant-postes dans ce
dernier, pour y fournir une autre chaîne de sentinelles. C'est même une précaution plus nécessaire

pour ces ouvrages que pour les dehors voisins de l'enceinte, puisque recevant de la place une protection moins efficace, les surprises y sont aussi plus à redouter.

Ils doivent être munis d'une réserve dont la force augmentera en raison de la capacité de l'ouvrage, de sa faiblesse et de son éloignement de la place. Les bons principes de fortification veulent que tout ouvrage avancé ait un réduit de sûreté, et s'il n'en avait pas, il serait indispensable d'y construire un blockhaus pour en tenir lieu. C'est dans ce réduit qu'on place la réserve, prête à défendre la gorge, et à soutenir, par des feux très-rapprochés, les postes de l'ouvrage. Ceux-ci, lorsqu'ils sont forcés, doivent se retirer dans les chemins couverts de la place, et non pas dans le réduit, où ils apporteraient le désordre, et où l'assaillant entrerait pêle-mêle avec eux. On ralliera ces postes, on les renforcera, et on essaiera aussitôt de reprendre l'ouvrage à la faveur du feu du réduit, avant que l'ennemi ait le temps de s'y loger, et d'assurer sa communication.

Dans l'exemple du dodécagone régulier, la garde journalière comprendra, durant cette période, savoir :

	hommes.
Garde de 12 fronts, à 112 hommes chacun.	1344
Cavalerie aux portes, supposées au nombre de 4.	60
Réserve centrale.	150
Total.	1554

DEUXIÈME PÉRIODE.

*Ouverture de la tranchée, et travaux de l'assié-
geant jusqu'à l'établissement de ses premières
batteries.*

***

On n'a rien négligé dans la période précédente
pour découvrir le lieu et le moment de l'ouverture de la tranchée. Le resserrement plus marqué
des reconnaissances nocturnes par les postes de l'ennemi, le tumulte inévitable des travailleurs, le cli-
quetis de leurs outils, sont des indices qui aideront
à découvrir ce premier travail du siége. Il faut se
hâter alors de faire rentrer dans les chemins couverts les petits postes qui pourraient se trouver
dehors; ils ne peuvent presque rien contre ce
travail, et ils gêneraient le jeu de la mitraille
que l'artillerie des remparts doit faire pleuvoir
sur les travailleurs tout le temps qu'ils mettront à
se couvrir.

Cependant le gouverneur, accouru sur le front
d'attaque, compare les rapports des reconnaissances,
et cherche à se former une juste idée de la situation
des travaux entrepris par l'assiégeant, de leur éloignement, de leur étendue, de la position et de la
force des troupes qui les gardent; et s'il juge que
l'action de l'artillerie sur les gardes et les travailleurs

puisse les mettre en désordre, il organise sur-le-champ une sortie pour achever de les disperser et faire manquer l'entreprise.

L'ouverture de la tranchée est un moment critique pour l'assiégeant : les travailleurs, qu'il est forcé d'y déployer en grand nombre, sont intimidés sur un terrain qu'ils ne connaissent point, où ils arrivent entièrement à découvert. Si la garnison ne se laisse pas surprendre le commencement de ce travail, si la garde en est faible ou mal distribuée, si l'assiégeant s'est avancé jusqu'à trois ou quatre cents mètres de la place, sous la bonne portée de la mitraille, ce seront autant de chances pour qu'une sortie vigoureuse, faite après une heure ou deux de feu, réussisse à culbuter les gardes, à disperser les travailleurs, à effacer presque entièrement le travail commencé ; ce qui obligera l'ennemi à recommencer ses attaques de plus loin, et à perdre du temps pour marcher avec plus de circonspection.

Nous concevons cette sortie formée de trois colonnes ; deux partent des saillans collatéraux aux fronts d'attaque les plus rapprochés des travaux extrêmes de l'ennemi, et cherchent à déborder les travailleurs latéralement, tandis que la troisième se porte contre le centre, et se tient prête à servir de réserve aux deux premières, en cas de revers. Si celles-ci, après avoir abordé les ailes de l'ennemi, font replier vers le centre les gardes et les travailleurs, la troisième colonne, en butte alors à un grand nombre de feux convergens, ne s'engagera que peu à peu, jusqu'au moment où pouvant se réunir aux deux premières, elles achèveront ensemble de disperser l'ennemi. Si au contraire ce dernier dégarnit les postes du centre pour secourir l'une ou l'autre de ses ailes, la colonne du centre marchera rapidement pour le séparer en deux parties, et compléter le succès de la sortie. Mais alors même, n'oublions pas que son unique but est de faire abandonner et de raser le travail, et gardons-nous de poursuivre l'ennemi ; car bientôt rallié et rejoint par des renforts accourus du camp, il nous ramènerait infailliblement avec perte ; peut-être même réussirait-il à nous couper de la place. Que des détachemens de travailleurs, marchant à la suite des colonnes, se hâtent donc de recombler la tranchée, principalement aux points de jonction des amorces de la parallèle avec les communications en arrière, et que toute la sortie, emportant avec elle les armes et les outils abandonnés par les travailleurs, regagne aussitôt les chemins couverts pour s'écouler de là dans les fossés, s'y reformer en ordre et rentrer par les poternes.

Quelques pièces de canon de campagne seront utiles en tête des colonnes, pour tirer à mitraille sur les travailleurs, de plus près que l'artillerie des ouvrages. Mais on courrait le risque de les perdre si on les menait trop loin, au delà, par exemple, de cent cinquante ou deux cents mètres des chemins couverts ; il sera prudent de les mettre en batterie à cette distance jusqu'à ce qu'elles se trouvent masquées par les troupes de la sortie, et de les faire rentrer aussitôt.

Insistons aussi sur ce que cette sortie n'a d'opportunité qu'autant que la témérité, les fautes, ou la faiblesse de l'ennemi lui offrent des chances de succès. Si l'assiégeant reste à environ six cents mètres de la place, à grande portée de mitraille, si les gardes de la tranchée sont nombreuses ou protégées par des mouvemens du terrain, si l'assiégeant a pris toutes les précautions usitées dans un siége méthodique, une sortie aussi éloignée le trouvant prêt à se défendre, ne réussirait pas à faire abandonner le travail, et risquerait de voir sa retraite coupée par des corps qui se porteraient brusquement entre elle et la place. Alors on fera bien de se borner à réunir aux portes voisines du front d'attaque la cavalerie de la garnison, et à faire galoper des détachemens contre les gardes de la tranchée. Ces cavaliers qui risquent peu de chose, puisqu'ils ont leur salut assuré par la connaissance du terrain et la vitesse de leurs chevaux, jetteront cependant du désordre parmi les travailleurs, et peut-être réussiront-ils à retarder quelques parties du travail, au point que l'assiégeant soit forcé de les abandonner au jour sous les coups de canon de la place.

Quelquefois l'assiégeant ouvre une fausse attaque pour détourner l'attention de l'assiégé de la véritable, qu'il ouvre la nuit suivante sans péril et a une très-petite distance. C'est ce que l'armée française fit devant Tortose, en 1810 ; elle ouvrit d'abord la tranchée devant le fort d'Orléans, ce qui préoccupa tellement l'assiégé, qu'ayant cessé de surveiller tout autre point, on put lui dérober l'ouverture de la véritable attaque à cent soixante mètres des chemins couverts. Mettons-nous en garde contre cette ruse, en continuant encore quelque temps, sur tout le pourtour de la place, les dispositions précédentes, tant pour la garde des ouvrages, que pour la surveillance extérieure. Ce ne sera que lorsque les attaques de l'ennemi seront assez dessinées pour n'en pas laisser craindre de nouvelles, qu'on pourra retirer des fronts non attaqués les reconnaissances nocturnes, et les postes extérieurs de jour, qui désormais y seraient inutiles. Sur le front d'attaque, au contraire, il sera bon de conserver les uns et les autres, de les renforcer même, et de les prendre, ainsi que la réserve centrale de la place, dans le bataillon d'élite de la garnison.

La nuit, ces postes sortiront des chemins couverts à différentes heures, et s'avanceront sur les capitales, afin de reconnaître le travail entrepris et de s'opposer aux reconnaissances plus exactes que l'ennemi pourrait tenter à la faveur de ses premiers travaux. Mais ce ne sera que bien rarement, et à moins de fautes essentielles de la part de l'assiégeant, qu'ils attaqueront les travailleurs pour essayer de les disperser : car, dans cette période, les travaux sont généralement trop éloignés des chemins couverts et assez protégés par la première parallèle pour que ces attaques puissent espérer quelque succès. Au jour, ils se placeront dans les petites flèches dont on a parlé, afin d'inquiéter à coups de fusil les travailleurs occupés à perfectionner quelques parties des tranchées. On ne saurait les juger trop aventurés, dans ces positions avancées, puisque partageant à peu près en deux parties égales l'intervalle entre la place et l'ennemi, et sous la bonne protection de la mitraille des ouvrages, ils ont le temps, s'ils sont menacés, de se retirer dans les chemins couverts. Mais ils perdront cette sécurité à mesure que l'assiégeant fera des progrès, ce qui rendra nécessaire, dès avant la construction de la deuxième parallèle, de les retirer jusqu'à cent ou cent cinquante mètres des chemins couverts, dans de nouvelles flèches semblables aux premières, où ils ne seront pas moins utiles pour retarder le travail des batteries, en ajustant les canonniers forcés de se découvrir pour façonner leurs embrasures. C'est ainsi que, harcelant sans cesse l'ennemi le jour comme la nuit, on l'oblige de marcher avec méthode et lenteur, tandis qu'on jouit le plus possible de la possession de la campagne, et que, donnant à la défense quelque chose du rôle brillant de l'attaque, on soutient le moral de la garnison sans perte sensible.

Nous avons retiré les reconnaissances nocturnes et les postes extérieurs de jour des fronts non attaqués, afin de ne pas fatiguer la garnison inutilement ; nous désirerions, dans le même but, diminuer la garde des ouvrages de ces fronts. Tout en laissant entière la garde de l'enceinte, indispensable à la sûreté de la place, il est permis sans doute de retirer, pendant le jour, les postes d'observation des chemins couverts ; car alors on peut facilement découvrir et surveiller les mouvemens offensifs de l'ennemi du haut des bastions, et repousser ses colonnes par les feux bien dirigés du corps de place. Mais la nuit on ne saurait enlever ces postes sans courir le risque que l'ennemi ne s'introduisît furtivement dans les fossés, de manière à tenter une surprise contre l'enceinte. Il sera donc convenable, toutes les fois que la force de la garnison le permettra, de laisser les chemins couverts des fronts, même hors de la sphère des attaques régulières, garnis de leurs postes et de leurs sentinelles durant la nuit, sauf à les retirer au point du jour. Quant aux demi-lunes des fronts non attaqués, il est inutile de les garder plus long-temps, car quel avantage réel retirerait l'ennemi de les insulter, d'y entrer, de les désorganiser ? Ne serait-ce pas vouloir perdre du monde inutilement, sous le feu du corps de place, puisque sa véritable attaque est fixée sur un autre point. L'assiégeant aurait au contraire un grand intérêt à désorganiser les dehors du front d'attaque. S'il parvenait à s'y introduire, ne fût-ce que momentanément, il pourrait ruiner leurs communications, précipiter dans les fossés ou du moins enclouer l'artillerie dont ils sont armés, opération dans laquelle il trouverait d'utiles abris contre les feux du corps de place, dans les traverses élevées contre le ricochet. Loin donc d'affaiblir la garde de ces ouvrages, il sera bon de lui donner un appui immédiat, en munissant de réserves les réduits qui doivent être construits en forme de tambour en charpente, s'ils n'existent pas en maçonnerie. Douze hommes dans le réduit de la demi-lune paraissent suffire pour cet objet. Enfin, de petits postes de six hommes, dans les réduits de places d'armes rentrantes, serviront à garder les poternes de ces ouvrages, et les communications avec le chemin couvert.

La cavalerie, très-utile pendant l'investissement et même dans les premiers jours du siége, pour faire des courses dans la campagne et charger les reconnaissances ennemies, perd chaque jour de son utilité à mesure que le progrès des travaux resserre le champ de ses sorties. Les circonstances guideront le gouverneur dans le parti à tirer de cette arme; mais il est probable que dès que le siége aura pris une marche régulière, le mieux sera de la démonter, d'employer ses chevaux aux transports de l'artillerie, de les abattre pour nourrir la garnison, lorsqu'elle manquera d'autre viande, et de faire servir les cavaliers comme fantassins pour la garde de la place.

Dans l'exemple du dodécagone régulier, dès que les attaques de l'assiégeant sont assez dessinées pour ne laisser aucun doute sur le but de son entreprise, le nombre d'hommes à fournir pour le service des petites armes, dans cette période, peut être déterminé comme il suit.

		Garde des 24 heures.	Renfort de nuit.
Fronts attaqués.	Garde du corps de place. . . .	108	»
	Garde des demi-lunes et de leurs réduits.	58	»
	Gardes des chemins couverts et des réduits des places d'armes rentrantes.	76	»
	Reconnaissances et postes ext^{rs}.	60	»
Fronts collatéraux.	Corps de place.	108	»
	Demi-lunes et leurs réduits. .	58	
	Chemins couverts.	»	42
	Reconnaissances et postes ext^{rs}.	60	»
Fronts opposés aux attaques.	Corps de place.	434	»
	Chemins couverts.	»	208
Réserve centrale.		150	»
	Total.	1110	260

Avant de passer à la période suivante, nous indiquerons une occasion qui se présente à la fin de celle-ci pour tenter une grande sortie, occasion que la garnison doit saisir d'autant plus avidement, que le succès peut beaucoup retarder les progrès du siége, et que plus tard le canon de l'assiégeant ne permettra guère de sortir en grand nombre des chemins couverts. C'est la nuit où l'ennemi arme ses batteries que cette occasion se présente ; la garnison n'ayant encore à craindre que des coups de fusil.

on sent qu'elle peut se promettre, dans une sortie forte et bien combinée, d'enlever des pièces à l'assiégeant et de bouleverser le travail de ses batteries, au milieu du désordre et de l'encombrement que causent le transport et l'arrangement des canons, des munitions et de tous les attirails de l'artillerie.

Le dispositif de cette sortie sera le même à peu près que contre l'ouverture de la tranchée, si ce n'est qu'on se dispensera de faire sortir du canon, puisque la place est complétement armée, et que l'ennemi en est à petite portée. Les colonnes seront suivies de travailleurs et de canonniers munis d'outils propres à enclouer les pièces, et portant aussi des bombes et des obus préparés pour faire sauter les affûts. On fera même sortir des chevaux attelés, afin de ramener dans la place le canon enlevé, si on en a le temps, ou au moins le traîner en dehors des batteries.

Toutefois quelqu'opportune que soit cette sortie, la prudence conseille de n'y commettre jamais que le tiers tout au plus de la garnison, de peur que la sûreté de la place ne reste compromise, et que la défaite de troupes plus nombreuses ne décourage la garnison. Elle veut aussi, dans le cas où les efforts de la sortie sont couronnés de succès, qu'on évite de poursuivre l'ennemi au delà de ses batteries, pour courir après un résultat différent de celui qu'on s'est proposé, et risquer ainsi d'être ramené avec perte. Enfin, si l'ennemi est bien sur ses gardes, si ses flancs sont appuyés par des redoutes munies de bonnes réserves, si les colonnes de la sortie trouvent partout une forte résistance, des efforts prolongés seront inutiles; il faudra regagner le chemin couvert. Mais alors même qu'on ne regrette point une tentative infructueuse, puisque l'assiégeant n'aura prévenu ses succès qu'en amenant des masses de troupes sous le canon de la place, ou en se fortifiant par des travaux longs et difficiles.

TROISIÈME PÉRIODE.

Ouverture du feu de l'ennemi, et travaux à la sape volante jusqu'aux demi-places d'armes

On suppose que l'ennemi n'arrive pas encore, dans cette période, sous la bonne portée du fusil des chemins couverts, de sorte que les petites armes n'apportent guère d'obstacle aux progrès de ses attaques. N'ayant presque à craindre que des coups de canon, il profite encore de la nuit, où le tir de l'artillerie est incertain, et quelquefois même impossible à cause des réparations qu'il faut faire aux embrasures, pour exécuter le plus possible de travaux à la sape volante. De jour, il reste couvert dans ses tranchées pour les achever et les perfectionner.

Cependant on remarquera que l'assiégeant ne peut guère s'avancer au delà de la deuxième parallèle supposée à trois cents mètres des chemins couverts, sans tomber sous la portée du fusil, sinon d'une grande partie de ces ouvrages, au moins de quelques saillans ; qu'ainsi, dès l'achèvement de cette parallèle, il ne faut pas négliger de placer des fusiliers sur les points d'où on peut l'atteindre, afin de tirailler toute la nuit sur ses cheminemens. Ce tir sera encore insuffisant pour le contraindre de cheminer à la sape pleine, mais il ne laissera pas que de rendre ses sapes volantes plus périlleuses, et de le forcer à n'en faire que peu à la fois. Nous expliquerons en détail, dans la période suivante, la manière dont les tirailleurs du chemin couvert doivent conduire leur feu ; pour le moment, qu'il nous suffise de dire qu'ils sont placés derrière des créneaux en sacs à terre dont la crête du glacis est couronnée ; que durant la nuit il faut trois tirailleurs pour chaque créneau à servir, lesquels, se relevant de demi-heure en demi-heure, ne laissent aucune discontinuité dans le feu ; et que, durant le jour, il n'en reste qu'un seul qui, embusqué derrière le créneau, tire seulement sur les hommes qui se découvrent.

Examinons maintenant le rôle que les petites sorties peuvent commencer à jouer dans la défense, en forçant l'ennemi de marcher avec circonspection et de soutenir ses têtes de tranchée par des parallèles ou des demi-places d'armes. Tant qu'une tête de tranchée est à peu de distance d'une parallèle en arrière, il serait en général peu prudent de tenter contre elle une sortie : non - seulement elle essuierait le feu de la parallèle, mais les gardes ennemies pourraient fondre sur elle, et la tailler en pièces avant qu'elle n'eût le temps de rentrer dans les chemins couverts. A mesure que la tête de tranchée s'éloigne de la parallèle, elle est moins bien défendue par son feu et par les gardes qui peuvent la franchir, et lorsqu'elle se trouve plus rapprochée du chemin couvert que de la parallèle, les sorties ont des chances probables de succès. Elles peuvent tomber sur les travailleurs, les disperser et se retirer, sans être atteintes par les troupes qui s'élanceraient de la parallèle pour les repousser. C'est la crainte des sorties qui engage l'assiégeant à faire des demi-places d'armes à droite et à gauche de ses têtes de cheminemens, lorsqu'il est parvenu à moitié chemin de la deuxième parallèle au chemin couvert, et ensuite à faire une troisième parallèle, lorsqu'il est parvenu de nouveau à moitié chemin des demi-places d'armes au chemin couvert. Sans doute que s'il marche avec cette prudente circonspection, on fera sagement de s'abstenir de sorties qui ne feraient que décourager la garnison, par le spectacle de fréquentes déroutes ensanglantées par la perte des hommes les plus braves; mais si, pressé par le temps , il s'approche imprudemment du chemin couvert en négligeant d'appuyer ses têtes de cheminemens, c'est alors que de petites sorties bien combinées, s'avançant des places d'armes saillantes du chemin couvert à la faveur des ombres de la nuit, pourront espérer de disperser les travailleurs. Si elles n'ont pas entièrement ce résultat, du moins obligeront-elles l'assiégeant à marcher avec plus de circonspection, et à perdre du temps pour étendre ses travaux.

On a vu que nous destinions spécialement le bataillon d'élite de la garnison aux actions qui demandent de l'intelligence et de l'audace. C'est à lui qu'il sera réservé de fournir aux petites sorties. Une trentaine d'hommes suffiront pour cet objet, aux saillans des chemins couverts les plus voisins des attaques; par exemple, pour le dodécagone régulier, dans les places d'armes saillantes des demi-lunes attaquées et des deux collatérales.

Sans doute il est inutile d'insister sur ce que ces sorties ne peuvent guère avoir lieu que de nuit; le jour, elles auraient, comme l'a dit le maréchal de Vauban, plus d'ostentation que d'utilité réelle, à moins que l'assiégeant ne fasse des fautes essentielles, ou que les mouvemens du terrain ne lui dérobent une partie de la marche des sorties. L'assiégé, resserré par la deuxième parallèle, se trouve donc à peu près obligé de se renfermer durant le jour en dedans des chemins couverts. Les postes d'élite, placés en dehors dans les petites flèches qui leur servaient d'abris, seront eux-mêmes forcés de rentrer dans la place : les batteries de la deuxième parallèle et les cheminemens plus rapprochés leur y laisseraient peu de sécurité. Ce ne sera que dans le cas d'attaques peu vigoureuses ou mal conduites, que des soldats vifs, intelligens et bons tireurs, pourront encore occuper quelques postes extérieurs, d'où ils ajusteront les travailleurs qu'ils apercevront, inquiéteront les canonniers en tirant dans les embrasures des batteries, et nuiront à la justesse de leur tir.

Nous n'avons rien d'ailleurs à changer aux dispositions de la période précédente, si ce n'est que les tirailleurs placés dans les chemins couverts des fronts attaqués dispensent des gardes qui les occupaient jusqu'alors. Les réduits de places d'armes rentrantes y conservent seuls leurs petits postes de six hommes, pour la garde des poternes et des communications avec le chemin couvert.

Voici le nombre d'hommes à fournir par la garnison du dodécagone régulier, pour le service des petites armes dans cette période :

		Gardes des 24 heures.	Renfort de nuit.
Fronts attaqués.	Corps de place.	108	»
	Demi-lunes et leurs réduits.	58	»
	Chemins couverts.	40	80
	Idem., garde des réduits.	24	»
	Postes pour les sorties.	60	»
Fronts collatéraux.	Corps de place.	108	»
	Demi-lunes et leurs réduits.	58	»
	Chemins couverts.	»	52
	Postes pour les sorties.	60	»
	À reporter	516	132

		Garde des 24 heures.	Renfort de nuit.
	Report	516	132
Fronts opposés aux attaques {	Corps de place.	432	»
	Chemins couverts.	»	208
Réserve centrale		150	»
	Total.	1098	340

QUATRIÈME PÉRIODE.

Cheminemens à la sape pleine, jusqu'à la troisième parallèle.

Cette période commence lorsque l'assiégeant, arrivé sous la bonne portée du fusil des chemins couverts, est forcé par le feu de ces ouvrages de ne plus marcher qu'à la sape pleine. De jour, on obtient facilement ce résultat de quelques fusiliers, qui, embusqués sur la banquette du chemin couvert derrière des créneaux en sacs à terre, tirent sur les sapeurs ennemis toutes les fois que, négligeant quelques-unes des précautions minutieuses et lentes de la sape pleine, ils se découvrent à leur vue. La nuit, l'obscurité ne permet plus d'ajuster les travailleurs ; mais en faisant un feu continu de mousqueterie sur le terrain que doivent parcourir les sapes, on peut le sillonner de balles dans tous les sens, au point que l'ennemi ne puisse se découvrir pour en dérober quelques parties à la sape volante, et soit contraint par conséquent de ne cheminer qu'à la sape pleine. C'est ce feu de mousqueterie que nous nous proposons de décrire.

On voit d'abord qu'il doit partir du chemin couvert, afin d'être plus rapproché et plus rasant que s'il partait des demi-lunes ou des bastions; ces ouvrages sont d'ailleurs occupés par l'artillerie; les banquettes n'y existent plus que par petites portions dans les intervalles des plates-formes, et les fusiliers qu'on y placerait pour tirer pendant la nuit sur les attaques risqueraient de frapper les gardes du chemin couvert. Mais faut-il placer uniformément des tirailleurs sur le développement tout entier de la ligne de feu du chemin couvert, lequel est d'environ quatre cents mètres dans le front de Cormontaingne? La garnison serait rarement suffisante pour garnir ainsi tout le pourtour des chemins couverts des fronts attaqués, et les feux de plusieurs parties, agissant sur des points où l'ennemi ne pratique pas de cheminemens, consommeraient des munitions en pure perte. C'est ordinairement sur les capitales des saillans que l'assiégeant conduit ses approches; dans la plupart des cas, il ne s'en écarte guère de plus de cinquante mètres à droite et à gauche, soit afin de ne pas masquer les feux des parallèles ou demi-places-d'armes en arrière, soit pour éviter d'avoir de trop longs zig-zags, que l'assiégé pourrait facilement ricocher ou prendre d'écharpe. Ainsi, admettons, dans le but de fixer un moment nos idées sur le champ du tir de la mousqueterie des chemins couverts, que sa largeur est limitée à cent mètres pour chacune des capitales sur lesquelles chemine l'assiégeant, et voyons quel emplacement on peut assigner aux tirailleurs pour agir sur cette surface.

Un fusilier, placé en ordre de bataille, a besoin d'un espace de cinquante-cinq à soixante centimètres pour charger et tirer son arme avec facilité. Placé derrière un rang de palissades, pendant la nuit, et assujetti à quelques attentions que nous indiquerons tout à l'heure, il paraît indispensable de lui donner un espace d'un mètre, lorsqu'il doit tirer à peu près perpendiculairement à la ligne de feu, et d'augmenter encore cet espace lorsque le tir est oblique, de manière à conserver sensiblement un mètre d'intervalle mesuré perpendiculairement entre deux lignes de tir consécutives. De plus, nous verrons qu'il n'est guère possible que la direction du tir forme avec la crête du parapet un angle au-dessous de 45 degrés, sans courir le risque de rendre illusoires les précautions nécessaires pour l'efficacité des feux.

Cela posé, il est facile de s'assurer que le chemin couvert d'un front de Cormontaingne peut recevoir les tirailleurs suivans, pour agir sur la capitale de la demi-lune.

1°. Le pan coupé de la place d'armes saillante de la demi-lune, qui a 6 m. de longueur, et d'où le tir est direct   6

2°. Les deux faces de la place d'armes saillante, qui offrent chacune 16 m. de ligne de feu, mais d'où le tir est assez oblique pour qu'on ne puisse placer qu'environ dix tirailleurs sur chacune ; pour les deux. . . .   20

3°. Les crochets des première et seconde traverses, d'où le tir peut être à peu près direct.   16

4°. Les crochets des troisième et quatrième traverses, d'où le tir doit être un peu oblique, afin de ne pas trop s'écarter de la capitale, trois à chaque crochet, et pour les quatre.   12

5°. Une face de chacune des places d'armes rentrantes, d'où le tir est sensiblement direct ; pour les deux places d'armes.   76
                                                        ___
                                        Total.   135

Relativement aux autres parties du chemin couvert de ce front, et à ceux des fronts collatéraux, on remarquera que la grande ouverture de l'angle formé par la capitale de la demi-lune et par les branches même parallèles aux faces de cet ouvrage, ne permet guère de placer des tirailleurs sur ces branches, en arrière de la place d'armes saillante, de manière qu'ils puissent agir utilement sur la capitale ; le chemin couvert du bastion n'y produirait que des feux incertains, attendu qu'il se trouve retiré d'environ 240 mètres en arrière du saillant du chemin couvert de la demi-lune ; enfin les feux qu'on pourrait tirer du chemin couvert des fronts collatéraux seraient trop éloignés, pour avoir de l'efficacité, lors même que ces fronts feraient partie de polygones très-ouverts.

Pour agir sur la capitale d'un bastion compris entre deux demi-lunes du même système, on pourra placer les tirailleurs suivans.

hommes.

1°. Au pan coupé de six mètres, pratiqué au saillant.   6

2°. Aux deux faces de la place d'armes saillante, qui ont chacune 25 m. de longueur, mais ne peuvent recevoir qu'environ quinze tirailleurs, à cause de l'obliquité du tir; pour les deux.   30

3°. Aux faces adjacentes des places d'armes rentrantes, qui offrent chacune 35 m. de ligne de feu, mais ne peuvent guère recevoir pendant assez long-temps qu'une trentaine de tirailleurs, à cause de l'obliquité du tir; pour les deux.   60

4°. Aux branches du chemin couvert des demi-lunes qui comprennent le bastion, branches d'où le tir sur la capitale du bastion s'écarte fort peu de la direction perpendiculaire à la ligne de feu; savoir:

Aux premiers intervalles des traverses.   50
Aux deuxièmes intervalles.   40
Aux troisièmes intervalles.   34
                                                    ______
                                        Total. 220

Ainsi, dans le cas où l'assiégeant s'avance sur trois capitales, celles de deux demi-lunes et d'un bastion, les chemins couverts des deux fronts d'attaque peuvent recevoir, pour agir contre ces cheminemens, 480 tirailleurs, dont 130 contre la capitale de chaque demi-lune, et 220 contre celle du bastion.

S'il arrivait que l'assiégeant, au lieu de s'avancer sur trois capitales seulement, marchât aussi sur les capitales des bastions collatéraux à celui d'attaque, une augmentation proportionnelle de tirailleurs serait sans doute nécessaire pour agir contre ces nouveaux cheminemens : les chemins couverts des fronts d'attaque et des demi-fronts collatéraux permettraient cette augmentation ; on remarquera même que ces derniers n'ayant point de feux à fournir sur les capitales de leurs demi-lunes, pourraient agir d'autant plus contre les capitales des bastions voisins. Mais cette circonstance, qui se présenterait peut-être dans le siège d'une grande place parfaitement régulière, n'a presque jamais lieu dans l'attaque des places existantes, parce qu'elles offrent ordinairement des parties d'enceinte assez saillantes, pour que l'ennemi puisse borner ses cheminemens à trois capitales.

Il est d'ailleurs évident que les nombres de tirailleurs que nous venons d'indiquer sont extrêmement variables, suivant le tracé de la fortification, le développement des chemins couverts, et l'obliquité de ses diverses parties par rapport aux capitales à battre. Par exemple, dans les fronts à petites demi-lunes, ces nombres seraient moindres que dans le cas précédent. Mais les feux y produiraient sans doute plus d'effet, car les capitales des demi-lunes seraient battues par tous les points du chemin couvert en arrière, à une distance presque uniforme , tandis que le peu d'ouverture de la demi-lune de Cormontaingne, ne permet pas aux branches de son chemin couvert d'agir sur la capitale même, et que sa grande saillie laisse long-temps les travaux de l'assiégeant au delà de la bonne portée des places d'armes rentrantes.

Essayons maintenant de décrire le mécanisme du feu des tirailleurs du chemin couvert, et nous jugerons ensuite de ses effets. La direction et l'angle de projection sont les élémens essentiels du tir; on ne saurait ici les abandonner au discernement du soldat, car il est d'expérience que, pendant la nuit, il tire presque toujours machinalement dans une direction perpendiculaire à la crête contre laquelle il est placé ; que même il tire souvent soit trop haut, dans la crainte de se découvrir, soit trop bas, en posant négligemment son fusil sur le plan de la plongée. Cependant la disposition des diverses branches du chemin couvert par rapport aux points à battre, et le changement successif de position de ces points, exigent non-seulement que le tir ait une certaine obliquité par rapport à la ligne de feu , et que l'angle de projection soit réglé avec soin , mais encore dans plusieurs cas que ces élémens varient d'une nuit à l'autre.

C'est aux officiers du génie à déterminer pendant le jour la direction du tir pour la nuit suivante, de manière que les balles rasent le terrain qu'il est à présumer que les sapes sillonneront. Il nous paraît indispensable, pour atteindre ce but, qu'ils indiquent cette direction pour chaque tirailleur séparément, au moyen de procédés mécaniques, qui, sans exiger du soldat une attention minutieuse, offrent assez de simplicité pour qu'il les suive facilement. Développons par quelques détails cette idée nouvelle.

On est dans l'usage, afin d'abriter les tirailleurs du chemin couvert contre la mousqueterie des demi-places d'armes et des parallèles, de les faire tirer par des créneaux en sacs à terre disposés sur la crête du glacis, à une distance l'un de l'autre variable suivant l'obliquité du tir par rapport à la crête. Nous proposons de placer dans chacun de ces créneaux une petite fourche en fer, destinée à servir de point d'appui au canon du fusil. Pour fixer un second point, nous remarquerons que les palissades placées au pied du talus intérieur du chemin couvert, laissent entre elles dans leur partie supérieure une suite d'intervalles, parmi lesquels il sera toujours possible d'en trouver un pour chaque créneau, qui soit à peu près dans la direction désirée, sauf à l'élargir par quelques coups de hache, s'il est trop étroit pour le passage du fusil. Alors on fixera contre les deux palissades formant cet intervalle, une tringle en bois, qui, destinée à supporter le canon du fusil près du tonnerre, déterminera, avec la fourche du créneau, la direction du tir [1]. Quant à l'angle de projection, il est évident

[1] Cette tringle pourrait avoir environ cinquante centimètres de

que la fourche du créneau étant une fois placée,
la hauteur du deuxième support sera d'autant
moindre que le point à battre sera plus éloigné ;
car s'il faut viser sur le but même lorsqu'il est fort
rapproché du fusil, on sait aussi qu'à mesure que ce
but s'éloigne, la courbure de la trajectoire décrite
par la balle oblige de tirer sous un plus grand
angle de projection. L'officier du génie devra
fixer convenablement la hauteur de ce support ;
voici à cet égard un tableau qui offre quelques
données utiles [1].

PORTÉE HORIZONTALE DU FUSIL.	ABAISSEMENT DE LA BALLE.	PORTÉE HORIZONTALE DU FUSIL.	ABAISSEMENT DE LA BALLE.
mètres.	mètres.	mètres.	mètres.
70	0, 11	160	1, 06
100	0, 24	170	1, 26
110	0, 43	200	1, 51
120	0, 54	230	2, 21
130	0, 68	250	2. 80
140	0, 76	300	4, 82
150	0, 81	400	12. 35

Lorsque le but est éloigné, une petite variation

longueur, dix de hauteur, trois d'épaisseur, et serait percée de
quelques trous à ses extrémités, pour le passage de fortes vril-
les, qui serviraient à la fixer contre les palissades.

[2] Ces données, extraites des notes jointes au mémoire de
M. Augoyat, déjà cité, sont fournies, celles de la deuxième colonne par l'expérience, et celles de la quatrième par les for-
mules de la balistique suivant Lambert.

dans la position de l'un ou de l'autre des supports
qui déterminent la direction du créneau, pourrait
en causer une très-grande dans la direction du
tir, et souvent porter la balle en dehors du champ
désigné. Supposé, par exemple, que l'intervalle
entre les deux supports soit de o ^m,70, une variation de 5 centimètres dans l'un des deux peut
en produire une de 17 mètres à 240 mètres de
distance. Ce sera donc une précaution utile que
d'implanter solidement la petite fourche jusqu'à
une plaque transversale qui limitera son enfon-
cement, et de pratiquer dans la tringle une échan-
crure demi-circulaire destinée à recevoir le canon
du fusil De cette sorte il y aura peu de variation
dans la position des supports, et peu de déviation
dans le tir.

L'écartement à observer entre les deux supports
dépend de la longueur du canon du fusil. Pour le
fusil d'infanterie (modèle de 1822), cette longueur
est d'un mètre environ, depuis l'embouchure jusqu'au ressort de batterie. Supposé que la fourche du créneau soit à o^m,10 au delà de la crête
du glacis, et le parement intérieur des palissades
à o^m,55 en deçà de cette crête, ce qui fait seulement
o^m,65 d'écartement dans le cas du tir direct, il est
aisé de voir que le support intérieur pourra varier
à peu près de cette même quantité à droite et à
gauche de la perpendiculaire, sans que le canon
du fusil cesse de pouvoir porter commodément sur
les deux supports ; ou, ce qui revient au même, que

la direction du tir pourra former jusqu'à l'angle de
45 degrés avec la crête du parapet.

Si le chemin couvert n'est pas palissadé, il faudra sans doute modifier les détails précédens. Ainsi,
l'un des supports du fusil étant toujours formé par
une fourche en fer placée dans le créneau en sacs
à terre, on pourra, pour le deuxième support, ou
placer une fourche semblable un peu plus loin sur
le glacis, ou bien planter au pied du talus intérieur un
pieu surmonté d'une autre fourche. Ce dernier moyen
sera peut-être préférable, en ce qu'il permettra plus
facilement de faire varier la direction des créneaux.
Mais ce serait à quelques essais bien faciles à faire
de fixer les idées à cet égard. Privés encore d'expériences, et ne pouvant improviser les détails mécaniques que la pratique fera juger les plus com-
modes, qu'il nous soit permis de nous borner en
quelque sorte à établir ici le principe de l'assujet-
tissement des tirailleurs dans la direction de leurs
feux, et à faire entrevoir l'extrême facilité de son
exécution.

Maintenant rien de plus aisé que de concevoir la
manœuvre du tirailleur chargé de servir un créneau.
Après avoir enlevé le sac à terre placé pendant le
jour en travers au-dessus du créneau, il pose son
fusil sur les deux supports qui déterminent la direction du tir, et lâche son coup, sans autre précaution.
Aussitôt il recharge son arme, la replace sur les
supports, tire de nouveau, et ainsi de suite.

Le même tirailleur ne peut pas continuer son

feu toute la nuit sans interruption ; il se fatigue
bientôt, son arme se salit, la pierre s'émousse ; il
ne tire plus que des coups fort rares, ou néglige
les précautions nécessaires pour l'efficacité du tir.
Il faut donc, après un certain nombre de coups, le
remplacer par un autre, et lui donner quelque repos,
afin qu'il puisse reprendre ensuite le feu avec plus
de soin et de vivacité. Le mode de relèvement, indiqué dans le Mémorial de Cormontaingne pour la
défense, consiste à faire servir chaque créneau par
six hommes présens, dont trois entretiennent le feu
durant deux heures consécutives, tandis que les trois
autres se reposent ou nettoient leurs armes : des
trois premiers, deux sont employés à charger les
armes, et l'autre à les tirer. Plusieurs inconvéniens nous paraissent attachés à ce mode. D'abord
il exigerait un très-grand nombre de tirailleurs, que
la garnison pourrait rarement fournir, et qui, res-
serrés dans le terre-plein du chemin couvert, y seraient fort exposés aux projectiles de l'assiégeant ;
et si pour employer moins d'hommes, on réduisait
le nombre des créneaux, les balles ne partant
aussi que dans un plus petit nombre de direc-
tions, le terrain des attaques en serait moins bien
sillonné. Ensuite, un homme seul ne pouvant
suffire, sans une grande fatigue ou à moins que
de tirer sans soin, à décharger les armes char-
gées par deux autres, il faudrait à tout moment
remplacer les tirailleurs, ce qui amènerait de la
confusion et des interruptions dans le feu : l'é-

change des armes entraîne aussi quelque désordre, c'est un des inconvéniens du feu de deux rangs dans la troupe en ligne; ici cet inconvénient serait plus grand, puisqu'un seul homme devrait tirer son arme et celles de deux autres, et qu'il paraît difficile qu'au milieu de l'obscurité de la nuit, des files de trois hommes ne soient pas souvent divisées par une cause quelconque. Par ces motifs, chacun de nos tirailleurs gardera son arme, la chargera et tirera lui-même. On peut estimer, à cause du soin qu'il doit mettre à poser son fusil sur les deux supports qui déterminent la direction du créneau, qu'il ne tirera qu'un coup par minute; qu'au bout de trente coups il sera fatigué, ou que son arme ratera parce que la batterie sera salie, la lumière obstruée, ou même qu'il n'aura plus de cartouches, car sa giberne toute remplie n'en contient que trente ou quarante. De là résulte la nécessité de le relever après une demi-heure de feu : alors il remet son arme en état et renouvelle ses munitions, ce qui peut lui prendre encore une demi-heure, puis il se repose une autre demi-heure, après laquelle revient son tour de faire feu. Dans cette demi-heure de repos, il est bon qu'il s'asseoie au pied du talus de la banquette, près du tirailleur qu'il doit relever, afin qu'il soit prêt à le remplacer immédiatement en ne laissant que le moins d'interruption possible dans le tir. Durant la première demi-heure, rien n'empêche qu'il se rapproche des traverses pour s'abriter contre les projectiles. On voit que ce mode de relèvement, fort simple et facile à exécuter, n'exige que trois tirailleurs présens pour chaque créneau à servir.

L'intensité des feux éprouverait des variations nuisibles, si l'on relevait à la fois un grand nombre de tirailleurs, car cette manœuvre, au milieu de l'obscurité de la nuit, demanderait du temps et forcerait d'interrompre le service des créneaux. L'assiégeant ne tarderait pas à s'apercevoir de ces interruptions périodiques ; il en prévoirait le retour et la durée, et pourrait en profiter pour dérober rapidement quelques portions de sape volante. On évitera cet inconvénient, si l'on relève les tirailleurs individuellement et l'un après l'autre : chacun alors ne laissant presque pas d'intervalle entre son precoup et le dernier de celui qu'il remplace, il n'y aura point de ralentissement dans le feu. Au reste, nous laissons aux officiers d'infanterie à se déterminer à cet égard d'après les conseils de l'expérience.

Enfin la direction du tir peut varier non-seulement d'une nuit à l'autre, mais encore dans la durée d'une même nuit, si l'on s'aperçoit que les cheminemens de l'ennemi sortent des secteurs de feu produits par les différens créneaux. Ce soin regarde encore l'officier du génie. Attentif à la marche des attaques, il rectifie au besoin ses premières conjectures, soit en découvrant les travaux à la lueur des pots à feu, soit d'après les rapports des sorties.

soit en les accompagnant lui-même quelquefois. Puis circulant d'un créneau à l'autre, il déplace l'un ou l'autre des supports, et change la direction ou l'angle de projection du tir, sans le plus léger désordre, sans aucune interruption dans le feu.

Maintenant que nous avons indiqué le placement des tirailleurs du chemin couvert et le mécanisme de leur feu, essayons de juger de ses effets. Admettons toujours que l'assiégeant ne s'écarte pas de plus de 50 mètres à droite et à gauche des capitales, et supposons qu'il veuille placer une gabionnade sur une longueur de 100 mètres perpendiculairement à une de ces lignes, afin de la remplir à la sape volante. Cette gabionnade, composée d'environ 150 gabions, servira de but aux tirailleurs des chemins couverts, et, par conséquent, essuiera 220 coups de fusil par minute sur la capitale d'un bastion, et 130 sur la capitale d'une demi-lune. Il faut au moins dix minutes, dans les terrains les plus faciles à excaver, pour placer des gabions à la sape volante et pour les remplir de terre, de manière qu'ils puissent couvrir les travailleurs contre les balles. Dans cet espace de temps, la gabionnade placée sur la capitale du bastion essuiera 2200 coups, ou moyennement quinze coups par gabion, de sorte que si ces balles y portaient à raison d'une sur quinze, il y en aurait une dans chaque gabion; et comme on place ordinairement un travailleur par gabion, tous les travailleurs seraient frappés : la sape volante ne pourrait s'exécuter sur aucun point de la ligne. Le tra-

vail serait encore abandonné, si les balles ne portaient qu'à raison d'une sur 45, car le tiers des
hommes seraient frappés, et l'expérience prouve
qu'alors les autres s'échapperaient, soit pour trans-
porter leurs camarades blessés, soit pour éviter par
la fuite un sort semblable. Les chances seront moins
favorables sur les capitales des demi-lunes, où la
ligne des gabions n'essuyant que 1300 coups de fusil
en dix minutes, il faudrait que les balles portassent
à raison d'une sur neuf, pour que tous les travailleurs fussent atteints, ou à raison d'une sur
vingt-sept pour qu'ils abandonnassent le travail.
Mais de telles probabilités, dans ce cas comme dans
l'autre, ne laissent aucun doute que la sape volante
ne soit impossible.

Encore une observation. Une sape volante ne
s'exécute qu'à la suite d'un travail déjà fait, et ne
doit laisser entre elle et ce travail aucune solution
de continuité; le but des feux peut donc sans inconvénient se réduire à empêcher les têtes de sape
pleine de se transformer momentanément et par
intervalles en sape volante. Or une pareille tête de
sape n'avançant que de quatre mètres au plus par
heure de travail, elle ne peut parcourir qu'une longueur de trente à quarante mètres dans une nuit
de la saison ordinaire des siéges. Qu'elle soit
tellement fusillée dans l'étendue de ce trajet, que
les sapeurs ne puissent se découvrir, il est clair
qu'elle n'arrivera au terme qu'au point du jour, où
dès lors non-seulement la sape volante devient évi-

demment impossible, mais où la sape pleine elle-
même, aperçue par le canon de la place, sera probablement interrompue. En concentrant de la sorte
les feux du chemin couvert sur l'espace que peuvent parcourir les têtes de sape dans la durée
de la nuit, on ferait plus que doubler le nombre de
chances favorables à l'empêchement de la sape
volante.

Sans doute on nous objectera que la garnison d'une
place sera bien rarement assez nombreuse, pour
garnir les chemins couverts d'autant de tirailleurs
que le supposent les calculs précédens, et que
leur feu nocturne continu consommerait rapidement l'approvisionnement le plus considérable.
Tel est aussi notre avis. Nous avons voulu donner
d'abord une idée du *maximum* d'effet que peut produire le feu de mousqueterie du chemin couvert;
c'est maintenant à l'expérience à faire voir de combien l'on peut rester en deçà de ce *maximum*,
sans cesser d'obtenir le résultat désiré. A cet égard,
nous ne pouvons nous appuyer encore que d'une
seule expérience, que M. le maréchal de camp baron
de Fleury a bien voulu faire pendant son inspection
du 2ᵉ. régiment du génie, en 1826.

Dans cette expérience, qui s'est faite la nuit, on
a placé dix hommes le long d'un rang de palissades
de chemin couvert à un mètre l'un de l'autre, et ils ont
tiré en posant le fusil, d'une part sur le liteau de la
palissade, qu'on avait placé à la hauteur convenable,
et de l'autre sur de petites fourches en fer plantées

sur le glacis, à 0^m,10 ou 0^m,15 de la crête [1]. Une cible
de seize mètres de long sur deux mètres de haut,
placée à la distance de quarante mètres, obli-
quement par rapport à la crête du chemin couvert, servait de but au tir; la direction des créneaux avait été déterminée en conséquence pendant
le jour. Les dix premiers hommes ayant tiré
quinze minutes, on les a remplacés tous ensemble
par dix autres, qui ont continué le feu encore dix
minutes, ce qui a fait en tout vingt-cinq minutes
de feu. Ces hommes faisaient tous cet exercice
pour la première fois; les fourches n'étaient guère
solidement fixées, et quelques-unes furent dérangées
par le tâtonnement nécessaire pour y poser le fusil :
cependant, sur 255 coups qui furent tirés, 197 balles
frappèrent la cible. « Il est à regretter, dit M. le gé-
» néral Fleury, dans le procès verbal de cette expé-
» rience, qu'on n'ait pas eu la précaution de diviser la
» cible par une ligne horizontale à un mètre de hau-
» teur, ce qui eût permis de compter le nombre des
» balles qui ont frappé dans la partie inférieure; mais
» il est certain que c'est le très-grand nombre. » Admettant, d'après cette observation, que ce nombre
forme environ les deux tiers de toutes les balles qui

[1] Ces fourches avaient 0^m,07 d'ouverture, et 0^m,05 de
profondeur. Leur tige avait 0^m,25 de longueur, et pénétrait
toute entière en terre jusqu'au point de bifurcation. Là se
trouvait une plaque ronde ou carrée de 0^m,08 de côté, perpendiculaire à la tige, ayant pour objet d'empêcher la fourche de
s'enfoncer au delà.

ont frappé la cible, on peut conclure de cette expérience; 1°. que la vitesse du tir est moyennement d'un coup par minute pour chaque tirailleur placé devant un créneau, comme nous l'avions présumé par un simple aperçu; 2°. que dans l'espace de dix minutes, dix tirailleurs placent cinquante balles dans un but de seize mètres de long, et à peu près de la même hauteur qu'une sape volante, ce qui fait deux balles par gabion; 3°. que la moitié seulement de ces tirailleurs, donnant une balle par gabion, frapperaient un assez grand nombre de travailleurs pour empêcher la sape volante sur une longueur de seize mètres; 4°. qu'il suffirait par conséquent de servir un seul créneau pour empêcher ce genre de sape sur une longueur de 3^m,20.

L'application de cette dernière conséquence fait voir que pour interdire la sape volante sur une ligne de cent mètres, supposée toujours le maximum de largeur que doive occuper une marche de zigzags, il faudrait y diriger le feu de 31 créneaux, et que ce nombre pourrait être réduit à douze, pour empêcher une tête de sape pleine de se convertir momentanément et par intervalles en sape volante.

Toutefois, n'oublions pas que dans l'expérience qui nous mène à ces conclusions, le but n'était qu'à quarante mètres de distance, et que les travaux de l'assiégeant n'arrivent que fort tard sous cette portée des chemins couverts; que le fusil de munition conserve, il est vrai, une grande justesse jusqu'à 140 mètres, mais qu'au delà il est indis-

pensable de suppléer par le nombre a l'incerti-
tude des feux. Remarquons que dans l'expérience
aucune cause ne nuisait à la vivacité et à la justesse du tir, tandis que, dans un siége, les dangers du ricochet et des feux directs de l'ennemi,
soit d'artillerie, soit de mousqueterie, le rempla-
cement des blessés, les interruptions momentanées
qu'exigent les petites sorties et le tir des obusiers
placés dans quelques parties du chemin couvert,
sont autant de causes qui distrairont les tirailleurs,
et les feront tirer avec moins de rapidité et d'attention. Enfin des balles peuvent frapper la partie
inférieure des gabions, et s'y trouver retenues par
les premières terres qui en garnissent le fond, au
lieu d'atteindre les travailleurs placés derrière. Ces
considérations nous engagent à porter de 31 à 60 par
chaque capitale, le nombre de créneaux à servir pour
empêcher la sape volante.

Ce petit nombre de créneaux sera bien loin d'occuper tout le développement des lignes de feu du chemin couvert. Il faudra les répartir chaque nuit sur les
points les plus rapprochés des travaux de l'assiégeant, autant du moins que le permettra l'incli-
naison respective des lignes de feu et des capitales à
battre. Le tracé du chemin couvert guidera dans
cette répartition, dont il serait inutile d'offrir ici un
exemple. Indiquons seulement deux extrêmes à éviter,
celui de réunir trop de monde sur le même point, et
celui de trop disséminer les hommes. Dans le premier
cas, les tirailleurs pourraient être trop exposés aux

dangers du ricochet et des bombes; dans l'autre, ils pourraient échapper facilement à la surveillance et mal nourrir leur feu.

Le lecteur fait peut-être une nouvelle objection, c'est que l'assiégeant ne se bornera point à un seul cheminement par capitale, qu'il en conduira plusieurs à droite et à gauche, afin de diviser les feux de mousqueterie des chemins couverts, et de dérober sur un point ou sur un autre des portions de sape volante. Nous avons vu, en cherchant à apprécier les effets de l'artillerie, dans le mémoire sur l'armement des places, que l'assiégé pouvait presque toujours conserver assez de canon pour interrompre de jour les progrès de cette multiplicité de cheminemens. Pour voir si la mousqueterie peut espérer un succès analogue, passons tout de suite au cas le plus défavorable, celui où l'assiégeant, à partir des demi-places d'armes, couvrirait de ses cheminemens toute la largeur du terrain des attaques, qui est d'environ 900 mètres, lorsque les fronts attaqués forment l'angle de l'hexagone. A raison de soixante créneaux pour battre une largeur de cent mètres, on trouvera 540 pour le maximum de ceux à servir par les tirailleurs. Or, le chemin couvert d'un front offrant de trois à quatre cents mètres de ligne de feu, ceux de deux fronts d'attaque contigus permettront facilement de placer ce nombre de créneaux, qui exigerait 1620 tirailleurs de nuit. Quels que soient donc les efforts de l'assiégeant, une garnison assez nombreuse et bien approvisionnée peut se pro-

mettre, à l'aide du feu de mousqueterie des chemins couverts, de lui interdire la sape volante,
et de le contraindre de ne marcher qu'à la sape
pleine. Remarquons en outre qu'à mesure que l'ennemi s'approche des saillans, le terrain des attaques
diminue de largeur, qu'à partir de la troisième parallèle, les sapes doivent se diriger forcément vers les saillans, qu'ainsi le champ du tir se resserre à peu près
dans la limite qui a servi de base à nos calculs, pré-
cisément à mesure que sa justesse augmente par la
proximité du but; ce qui fait voir qu'à cette époque du siége, une garnison calculée dans l'hypothèse
d'attaques ordinaires pourra vraisemblablement
fournir un nombre suffisant de tirailleurs des chemins couverts, lors même que les sapes seraient
aussi multipliées que possible.

Le feu nocturne de mousqueterie des chemins
couverts ne doit pas empêcher de faire de petites
sorties, toujours utiles pour effrayer et disperser
les sapeurs, renverser les gabions des têtes de sapes,
et obliger l'ennemi de soutenir ses cheminemens
par des demi-places d'armes ou des parallèles. Il est
évident qu'elles n'exigent dans ce feu que des
interruptions fort courtes; car, toujours exécutées
par des postes d'environ trente hommes d'élite, qui
se tiennent habituellement dans les tambours des
places d'armes saillantes les plus rapprochées de
l'attaque, elles peuvent fondre rapidement sur les
têtes de sape, tuer ou chasser les sapeurs, renverser
les premiers gabions, et rentrer aussitôt dans

le chemin couvert, sans rester dehors plus de quatre à cinq minutes. Quel travail peut faire l'ennemi dans ce court répit, si c'en est un? N'est-il pas vraisemblable au contraire, que ces petites sorties faites à propos, avec vivacité, et répétées plusieurs fois dans la nuit, retarderont la marche des sapeurs? Obligés de replacer souvent à découvert les gabions renversés, de nettoyer leurs emplacemens, de rétablir le gabion farci en tête de la sape, il sera difficile que dans ce travail ingrat ils échappent à la grêle de balles dirigées sur eux. On évitera de sortir sur plusieurs points au même instant, de peur que le feu du chemin couvert n'éprouve des ralentissemens sensibles; l'ennemi pourrait en profiter pour poser quelques gabions à la sape volante, et sachant qu'ils indiquent une sortie, il se mettrait en mesure de la repousser. Nous convenons au reste que la combinaison des petites sorties avec les feux de mousqueterie peut être d'une exécution difficile et délicate; cependant il ne paraît pas impossible de l'obtenir, lorsqu'on dispose d'officiers intelligens, qui circulent parmi les différentes sections de tirailleurs pour les prévenir de l'instant des sorties, et pour faire interrompre ou reprendre le feu à propos. Il est inutile sans doute d'avertir que les tirailleurs de la place d'armes saillante, d'où part une sortie, ne doivent cesser de tirer qu'au moment où elle franchit les barrières du chemin couvert, et qu'ils reprennent leur feu dès qu'elle est rentrée. Enfin on ne perdra pas de vue que ces sorties ont peu

de chances de succès, tant que les têtes de cheminemens sont plus éloignées des chemins couverts,
que des demi-places d'armes en arrière.

Il serait à désirer que l'artillerie, si puissante
contre les travaux d'attaque qui s'exécutent de jour,
pût concourir avec la mousqueterie contre ceux de
nuit. Malheureusement, le canon ne peut être
pointé alors que d'une manière incertaine, tellement
qu'avec le relief de la plupart des fortifications actuelles, les tirailleurs du chemin couvert qui l'entendraient
gronder derrière eux craindraient avec quelque
raison d'en être atteints, et n'oseraient lever la tête
jusqu'à la crête du glacis. La continuité de leur
feu et le soin qu'il doivent y mettre exigent qu'ils
ne soient pas distraits par cette crainte; si l'on
s'obstinait à faire tirer l'artillerie en même temps
qu'eux, il est à présumer qu'ils lâcheraient leurs
coups en l'air, et que le but des feux serait manqué.
D'ailleurs le tir de l'artillerie n'est pas seulement
incertain la nuit, et incompatible avec le feu de
mousqueterie; souvent on est obligé de le cesser, à cause des réparations à faire aux embrasures, qu'on ne peut exécuter qu'à la faveur
de l'obscurité de la nuit. Ce n'est donc que lorsque la garnison est faible et ne peut pas fournir
assez de feux de mousqueterie pour interdire
la sape volante, que par conséquent elle laisse in-
occupées plusieurs parties du chemin couvert,
qu'il faut s'efforcer d'y suppléer par des volées de
mitraille, dirigées sur les têtes de cheminemens,

par-dessus ces parties non occupées. Dans tous les cas cependant, il est essentiel d'ajouter à l'effet de la mousqueterie, en projetant de nuit comme de jour parmi les têtes de sape, autant d'obus que le permet l'état des pièces et des munitions. Ces projectiles tirés à ricochet ne peuvent inquiéter les tirailleurs des chemins couverts, et réunissent à l'avantage de semer facilement la frayeur et le désordre parmi des travailleurs, celui de dégrader les parapets des tranchées par leurs explosions, lorsqu'ils y sont retenus. Le tir de l'obusier placé dans la place d'armes saillante forcera quelques tirailleurs d'interrompre momentanément leur feu, mais ces interruptions seront trop courtes et trop peu fréquentes pour nuire essentiellement au réultat du feu des chemins couverts.

Nous avons fait pressentir que ce feu cessait d'être continu, dès que la clarté du jour permettait de distinguer les objets. Alors, il suffit que les tirailleurs restent embusqués derrière les créneaux en sacs à terre, qui couronnent la crête du chemin couvert, et se bornent à tirer sur les hommes qui se découvrent à leur vue, soit à la tête des sapes, soit par-dessus les parapets des tranchées. Un feu continu serait superflu et consommerait inutilement des munitions. Il suit de là que les tirailleurs de jour, auxquels l'occasion de tirer ne s'offre qu'assez rarement, peuvent servir chacun un créneau durant toute la journée, au lieu d'être trois comme la nuit, où la continuité du feu exige qu'ils se relè-

vent toutes les demi-heures. Ainsi, on peut ne
conserver dans les chemins couverts que le tiers
des tirailleurs qui s'y trouvaient la nuit. Ils
n'auront plus rien à craindre de l'artillerie des
ouvrages en arrière, dont les coups seront dirigés de jour avec assez de justesse, pour que le
boulet passe de plusieurs pieds au-dessus de leur
tête, d'autant plus que le canon d'un ouvrage n'a
guère l'occasion de tirer que sur les cheminemens
des ouvrages collatéraux.

On fera bien, durant le jour, de transformer en
tireurs embusqués les hommes de garde dans les bastions et les demi-lunes. Postés sur les banquettes ménagées dans les intervalles des pièces d'artillerie, ils
auront l'avantage de prendre plus de commandement
que ceux des chemins couverts sur le terrain des attaques, et de découvrir plus facilement l'ennemi dans
ses tranchées, lorsqu'elles seront mal défilées. On les
armera de fusils de rempart, qui, se chargeant par
le tonnerre, resteront toujours engagés dans les
créneaux en sacs à terre disposés sur la crête du
parapet, et pourront, en pivotant sur leurs appuis,
recevoir rapidement la direction que le tireur jugera
convenable. Les grandes demi-lunes, armées complétement d'artillerie comme nous l'avons proposé,
laissent encore des banquettes pour 14 tirailleurs sur
chaque face; c'en est donc 28 qu'on peut placer sur
chaque demi-lune attaquée, et 14 sur chaque demi-
lune collatérale. Les deux faces du bastion d'attaque
peuvent en recevoir 24, et les bastions collatéraux

chacun 12, en tout 132. Sans doute on pourra se dispenser d'en placer un aussi grand nombre ; mais si on les juge nécessaires, la garnison n'en sera pas plus fatiguée de service, puisqu'ils seront fournis par la garde même des ouvrages.

Les petites sorties sont en général trop dangereuses pendant le jour. Aperçues dès qu'elles franchissent les barrières du chemin couvert, en butte aussitôt aux feux multipliés des tirailleurs ennemis placés dans les demi-places d'armes, elles ne parviennent jusqu'aux têtes de sape qu'au milieu de grands périls; et arrivées là, quel résultat peuvent-elles se promettre? de renverser quelques gabions dans la sape. Mais bientôt obligées de se retirer sous le feu de mousqueterie très-rapproché des demi-places d'armes, elles laissent encore assez de terre au parapet pour servir de couvert, et les sapeurs rétablissent les choses, en quelques minutes, dans leur état primitif. Il y a plus, le sapeur intelligent, dès qu'il s'aperçoit de la retraite d'une sortie, sait qu'il n'a point de feux à craindre jusqu'à ce qu'elle soit rentrée dans le chemin couvert, et il ne lui est pas impossible de profiter de cette interruption pour placer rapidement quelques gabions et les remplir de sacs à terre. Cependant si l'ennemi a fort éloigné ses têtes de cheminemens des demi-places d'armes en arrière, s'il ne tient dans celles-ci que de faibles postes dont le feu soit peu redoutable, les sorties de jour pourront être utiles pour l'obliger à y ramener des gardes nombreuses, ce qui accroîtra sa fatigue et ses dangers. Dans le cas aussi où l'assiégeant, comme on l'a fait dans quelques siéges modernes, jetterait des tirailleurs isolés fort en avant des demi-places d'armes, lesquels, enterrés dans des trous à bonne portée du fusil des embrasures de la place, inquiéteraient les canonniers et nuiraient à la justessse du pointage, quelques braves pourront fondre sur eux, afin de les égorger et de délivrer l'artillerie de leur tir importun. Enfin d'autres circonstances difficiles à prévoir pouvant exiger quelques coups de main au dehors, on fera sagement de conserver pendant le jour aux saillans des chemins couverts les postes de la nuit. Placés dans les tambours des places d'armes, ou au pied de la contrescarpe, ils y seront peu exposés aux projectiles, et ne laisseront point échapper les occasions favorables à de petites sorties.

Tel est le rôle que les petites armes sont appelées à jouer dans cette période de la défense, où l'assiégeant parvient sous la bonne portée du fusil des chemins couverts. Si nous l'avons décrit avec clarté, l'on n'aura probablement aucun doute que s'il est joué avec intelligence, ce ne sera que bien rarement et à force de sang que l'assiégeant pourra dérober quelques parties de travail à la sape volante; qu'il sera réduit à ne cheminer qu'à la sape pleine, et de nuit seulement, puisque d'ailleurs l'artillerie de la place peut se promettre d'inter-

rompre la marche de ce genre de sape durant le
jour. Qu'on veuille bien calculer alors le temps nécessaire aux approches, en faisant attention qu'on
ne peut guère espérer de sapeurs vigoureux, favo-
risés par un terrain facile, plus de quatre mètres
de sape pleine par heure de travail [1]; que par
conséquent dans un siége fait en été, où les nuits
offrent à peine huit heures d'obscurité dans nos cli-
mats, ils ne peuvent avancer que d'environ trente-
deux mètres dans l'espace de vingt-quatre heures;
que ce calcul encore ne tient pas compte des retards
occasionés par les petites sorties, qui certes ne
sont point à négliger, mais qu'il est difficile d'éva-
luer; et l'on restera convaincu que l'emploi bien

---

[1] Quelques ingénieurs croient pouvoir conclure du passage où
Vauban parle de la vitesse de la sape pleine, (*Attaque des places,* chap. VII), qu'il l'estimait à quatre-vingts toises en 24 heures;
d'autres, interprétant ce passage différemment, pensent que
l'étendue de quatre-vingts toises y représente la totalité du travail fait en 24 heures par trois têtes de sape. Convenant que le
texte même manuscrit de Vauban est susceptible de cette double interprétation, nous remarquons que la première est entièrement contraire à l'expérience journalière des écoles du génie,
où il est physiquement impossible de faire marcher une tête de
sape pleine de quatre-vingts toises en 24 heures. D'un autre côté,
la seconde interprétation réduit à 26 toises l'avancement d'une
tête de sape, ce qui serait trop peu pour un travail de 24 heures
non interrompu. Mais si l'on admet que Vauban ne comptait
guère sur l'avancement de la sape pendant le jour, et qu'il espé-
rait dérober pendant la nuit quelques portions à la sape volante,
cette seconde interprétation se trouvera d'accord avec l'expérience des écoles du génie, et avec les résultats présentés dans ce
mémoire.

entendu des petites armes et de l'artillerie peut considérablement retarder les progrès de l'assié-geant.

Les développemens qui précèdent ayant peut-être fait perdre de vue l'ensemble des dispositions relatives aux petites armes pour cette période, il n'est pas inutile de les rappeler ici suc-cinctement, avant d'offrir les résultats numériques auxquels elles conduisent pour le dodécagone régulier. Ces résultats seront ensuite plus facilement compris.

Fronts attaqués. Le corps de place a nuit et jour sa garde habituelle de sûreté; mais, le jour, une partie de cette garde se place en tireurs embusqués sur les banquettes ménagées entre les pièces d'artillerie.

Il en est de même pour les demi-lunes.

Les chemins couverts, dans le cas ordinaire où l'assiégeant ne chemine que sur trois capitales, offrent 180 créneaux en sacs à terre, dont le service exige 180 tirailleurs le jour, et 540 la nuit. Les réduits de places d'armes rentrantes sont gardés nuit et jour, et les places d'armes saillantes des demi-lunes renfer-ment des postes pour les sorties, d'environ trente hommes chacun.

Fronts collatéraux. Le corps de place et les demi-lunes ont des gardes semblables à celles des fronts d'attaque, qui jouent le même rôle pendant le jour.

Les chemins couverts n'ont que des postes pour les sorties dans les places d'armes saillantes des demi-lunes; mais la nuit, ils reçoivent des postes d'observation.

Fronts opposés aux attaques. Le corps de place seul a une garde de sûreté nuit et jour. Les chemins couverts ne reçoivent que la nuit des postes d'observation.

Enfin une *réserve centrale* bivouaque nuit et jour auprès du gouverneur.

Ces dispositions appliquées au dodécagone régulier donnent les nombres suivans :

		Gardes des 24 heures.	Renfort de nuit.
Fronts attaqués.	Corps de place.	108	»
	Demi-lunes et leurs réduits .	58	»
	Chemins couverts, tirailleurs.	180	360
	Idem , garde des réduits. . .	24	»
	idem , postes pour les sorties.	60	»
Fronts collatéraux.	Corps de place	108	»
	Demi-lunes et leurs réduits. .	58	»
	Chemins couverts. . . . . -	»	52
	idem., postes pour les sorties. .	60	»
Fronts opposés aux attaques.	Corps de place.	432	»
	Chemins couverts.	»	208
	Réserve centrale.	150	»
	Total. . . .	1238	620

CINQUIÈME PÉRIODE.

Construction de la troisième parallèle, et cheminemens jusqu'aux cavaliers de tranchée.

Averti par les succès répétés des petites sorties nocturnes que ses têtes de sape ne sont plus assez bien soutenues par les demi-places d'armes, l'assiégeant entreprend une troisième parallèle, afin de relier tous ses cheminemens et de protéger sa marche ultérieure. Ce travail s'exécute presque toujours

sous la bonne portée du fusil de tout le développement des chemins couverts des fronts d'attaque. Le
jour, le feu de mousqueterie de ces ouvrages est
d'une grande justesse, et ne permet pas aux sapeurs
de négliger la plus légère précaution du travail
minutieux et lent de la sape pleine : heureux même,
ainsi que nous l'avons déjà fait observer plusieurs
fois, si alors l'artillerie de la place ne culbute pas
leurs gabions à mesure qu'ils sont posés. De nuit,
les procédés employés précédemment pour assurer la direction du tir, acquièrent, par le rappro-
chement des travaux, une nouvelle efficacité. Il peut
même arriver que la lueur des pots à feu permette
aux tirailleurs des chemins couverts de voir dis-
tinctement le terrain sur lequel cheminent les sapeurs ennemis. Le concours de ces circonstances
ne laisse aucun doute sur l'impossibilité de la sape
volante.

Ici l'assiégeant s'écarte des capitales, et le nombre
de ses têtes de sape, marchant deux à deux l'une
vers l'autre, sauf les extrêmes, est porté commu-
nément à six, de trois qu'il était auparavant. Une
nouvelle distribution des feux devient nécessaire
pour le suivre dans cette marche nouvelle. Mais
faut-il augmenter le nombre des tirailleurs en proportion de celui des têtes de sape? Qu'on se rappelle
qu'à la distance où l'ennemi est maintenant arrivé,
il suffit à la rigueur, d'après l'expérience de M. le général Fleury que nous avons rapportée, du feu de
douze tirailleurs, pour empêcher les sapeurs de poser

quelques gabions à la sape volante : doublons ce
nombre, afin de suppléer au défaut de justesse ou de
vivacité du tir que peuvent occasioner différentes
causes, ce sera 24 pour chaque tête de sape, et 144
pour les six ; remarquons ensuite que, lorsque deux
têtes de sape sont sur le point de se rejoindre, les
mêmes tirailleurs, agissant sur le terrain commun
qu'elles doivent parcourir, interdisent à l'une et à
l'autre à la fois de se convertir momentanément en
sape volante ; alors loin d'augmenter le nombre des
créneaux à servir, porté dans la période précédente
à 180, on verra qu'on peut sans inconvénient le réduire, si la faiblesse de la garnison y invite.

Mais si le feu de mousqueterie des chemins couverts est un obstacle aussi efficace contre l'établissement de la troisième parallèle, convenons d'un
autre côté que les petites sorties ne peuvent guère
le contrarier. A mesure que les têtes de sape gagnent du terrain à droite et à gauche des capitales,
l'assiégeant se hâte, immédiatement à la suite de
chacune d'elles, de perfectionner la parallèle ; puis
il y place des gardes qui croisent des feux en avant
des têtes de sape, et en dirigent d'autres sur les
barrières du chemin couvert. Qu'une petite sortie
vienne, au milieu de la nuit, à franchir ces barrières, elle ne peut arriver jusqu'aux têtes de sape
que sous une grêle de balles, et dès qu'elle en approche, les gardes de la parallèle, franchissant le
parapet, se précipitent sur elle avec la supériorité
du nombre, pour la chasser la baïonnette dans les

reins. Cependant les sapeurs, attentifs à l'interruption momentanée des feux du chemin couvert,
peuvent placer rapidement quelques gabions à la
sape volante, et fermer la parallèle.

Examinons aussi les avantages qu'on peut se promettre d'une grande sortie contre la troisième parallèle. Ne considérant à la fois qu'un seul bataillon, supposons qu'il parte en entier d'une place
d'armes rentrante, lieu le plus favorable pour
sa réunion. Obligé de défiler par le flanc par les
barrières de sorties, il faudra qu'il se forme sur le
glacis en colonne d'attaque ou en ordre de bataille.
Or déjà cette première opération sera probablement
accompagnée d'un tumulte qui n'échappera point
à la vigilance des gardes de la parallèle, et leurs feux,
dirigés aussitôt sur le bataillon, éclairciront ses
rangs avant qu'il n'arrive dans l'intervalle de deux
têtes de sape. Là, sans doute, se divisant à droite
et à gauche, et prenant la parallèle d'enfilade et
de revers, il la fait abandonner, et des travailleurs
se hâtent d'y renverser les gabions du parapet, et
d'enlever les outils. Mais tandis que les gardes en
déroute se rallient dans les boyaux en arrière, les
batteries de la deuxième parallèle ne tardent pas à
vomir de la mitraille, sous une très-bonne portée,
sur le bataillon assaillant ; e bientôt, fatigué par
cette grêle meurtrière, il regagne le chemin couvert.
Quel est alors le résultat de cette action ? D'une
part, les amorces de la parallèle, un instant abandonnées, sont embarrassées par les gabions renversés.

et les têtes de sape sont désorganisées ; mais le parapet en terre subsiste ; en quelques minutes, il est de nouveau régularisé et approprié aux feux et aux sorties ; les têtes de sape sont bientôt rétablies par les sapeurs. De l'autre, un bataillon, souvent l'élite de la garnison, moissonné par la mitraille, ramène quantité de blessés, apporte le désordre dans le chemin couvert ; de misérables outils sont les seuls trophées de sa valeur, et ses pertes, comparées au peu de retard qu'elles font éprouver aux attaques, dégoûtent la garnison des coups de vigueur, et affaiblissent son moral. Peut-être, au lieu de sortir sur un seul point, le bataillon ferait-il mieux de sortir sur plusieurs points à la fois, et de se former sur le glacis par divisions séparées : cette formation serait moins longue, et la sortie resterait moins longtemps exposée aux feux des portions achevées de la parallèle. Mais on courrait le risque que quelques divisions se trouvant de suite aux mains avec les gardes de tranchée, les autres arrivant successivement ne tirassent sur les premières, ce qui mettrait le désordre dans l'opération et la ferait manquer. Au reste, quel que soit le mode de sortie, le résultat définitif n'en saurait être plus avantageux, ce qui nous fait conclure, en comparant les dangers et la perte que ferait essuyer une grande sortie avec les avantages qu'elle procurerait, qu'on fera bien en général de ne pas la tenter. La faiblesse ou la témérité de l'assiégeant peuvent seules y décider quelquefois. Encore faut-il examiner s'il n'est pas préférable d'y suppléer par de petites sorties, qui peuvent produire le même effet, sans affaiblir le moral de la garnison par leurs pertes peu sensibles.

On peut remarquer, à propos du peu de chances favorables qu'offrent les grandes sorties contre la troisième parallèle, leur différence avec celle que nous avons conseillée contre la deuxième parallèle, lors de l'armement des batteries. Dans ce dernier cas, les colonnes d'attaque se forment à la queue des glacis, sans crainte d'être découvertes par les gardes éloignées de la deuxième parallèle ; elles arrivent en bon ordre sur l'ennemi, sans être inquiétées par la mitraille, puisque les batteries assiégeantes ne sont pas encore en état de tirer ; elles sont protégées dans leur retraite par la nombreuse artillerie des remparts ; enfin, leur succès, privant l'assiégeant de son canon, peut faire manquer le siége. L'autre cas ne présente aucun de ces avantages.

En avant de la troisième parallèle, l'assiégeant éprouve les mêmes obstacles que dans sa marche précédente : de jour, feu d'artillerie pour interrompre les têtes de sape, et feu de tireurs embusqués sur les hommes qui se découvrent ; de nuit, feu continu de mousqueterie des chemins couverts sur le terrain que les sapes doivent parcourir, et petites sorties. Celles-ci, d'abord très-rares en raison de leur peu de chances de succès, deviennent plus fréquentes à mesure que les têtes de sape s'écartent de la parallèle, puisqu'elles ont moins long-temps à en essuyer le feu, et courent moins de risque des gardes qui peuvent en franchir le parapet. Quant au feu de mousqueterie, c'est le moment de sa plus grande efficacité. La proximité du terrain à battre assurant au tir une très-grande justesse, il peut sans aucun doute interdire entièrement la sape volante. On remarquera de plus que si l'ouverture des fronts d'attaque force l'assiégant de replier assez ses zig-zags les uns sur les autres, pour qu'il préfère s'avancer debout à la sape double, ce genre de sape, plus lent que la sape simple, permettra de resserrer encore dans des limites plus étroites le champ du tir dirigé sur une tête de sape, et, par conséquent, d'y augmenter l'intensité des feux, ou bien d'agir contre des cheminemens plus multipliés, sans être forcé d'augmenter le nombre des tirailleurs [1].

[1] Nous avons conseillé, dans le *Mémoire sur l'Armement des Places*, d'amener des pierriers aux saillans des chemins couverts, lorsque l'ennemi arrivait à la troisième parallèle. Leur portée évaluée à cent mètres nous a permis de les placer derrière les traverses des places d'armes. Mais on nous a représenté que les tirailleurs des places d'armes seraient tourmentés par ces bouches à feu, qui sèment et éparpillent les pierres à commencer d'une très-petite distance, comme de quinze à vingt mètres. A cet égard, nous observerons qu'en quelque lieu qu'on mette les pierriers, si on s'en sert pour projeter des pierres, il obligent évidemment à dégarnir de tirailleurs une partie des places d'armes saillantes, et que ces projectiles, produisant en général fort peu d'effet, ce serait à tort qu'on les emploierait à l'exclusion des tirailleurs, dont le feu est le plus dangereux pour l'ennemi. Il faut se servir des

Une guerre nouvelle peut commencer dans cette période entre l'assiégeant et l'assiégé. Soit que les fronts d'attaque aient des contre-mines permanentes, soit que la nature du terrain ait permis à la garnison de pratiquer pendant le siége quelques galeries et rameaux sous les saillans menacés, l'assiégé peut faire jouer des fourneaux à peu de distance de la troisième parallèle, bouleverser les travaux de l'assiégeant, et le contraindre à employer la mine. Les petites armes et l'artillerie ne restent pas inutiles témoins de cette lutte souterraine; c'est au contraire de leur concours bien entendu que le mineur assiégé, ou contre-mineur, peut espérer de gagner du temps pour ses travaux, et ce temps est pour lui un élément indispensable du succès. Lorsqu'un fourneau vient de jouer du côté du mineur ou de celui du contre-mineur, ce dernier n'éprouve aucun obstacle de la part de l'assiégeant pour reprendre immédiatement son travail, tandis que le mineur attaquant ne peut creuser son trou, et ne peut même parvenir à l'emplacement favorable, qu'après s'être logé dans l'entonnoir. C'est sur ce point que l'on fait converger, de jour les feux d'artillerie, de nuit ceux de mousqueterie, afin de

pierriers pour projeter des grenades, ou, à défaut de grenades, des balles en fer d'un poids à peu près égal; alors l'uniformité de ces projectiles en poids et en volume leur donnant à tous à peu près la même portée, on peut espérer que les tirailleurs des places d'armes saillantes n'en seront point incommodés, tout en conservant les pierriers derrière les traverses.

rendre les travaux du logement plus lents et plus meurtriers. Lorsque d'ailleurs l'entonnoir est plus rapproché du chemin couvert que de la parallèle, les sorties peuvent aussi l'attaquer, renverser les gabions qui le couronnent, chasser le mineur de son travail commencé, ou l'étouffer en y projetant des grenades, des boîtes de poudre, des obus ou des bombes.

Dans l'exemple du dodécagone régulier, le service des petites armes exigera, pour cette période, le même nombre d'hommes que dans la période précédente.

SIXIÈME PÉRIODE.

Couronnement du chemin couvert, soit de vive force, soit pied à pied.

Dans une attaque de vive force du chemin couvert, l'assiégeant porte des détachemens sur le saillant de la place d'armes, d'où ils enfilent les branches du chemin couvert, afin d'en chasser les défenseurs; ce qui permet à ses travailleurs de se déployer à leur suite sur la crête du glacis, pour y faire un couronnement à la sape volante. Les défenseurs du chemin couvert, ayant contre eux le désavantage du nombre et de la position, ne peuvent

chercher à se défendre avec quelque apparence de
succès. Non-seulement ils sont pris à dos et de revers
par le feu de l'assaillant, mais encore, en tenant ferme,
ils gêneraient l'action de l'artillerie et de la mousqueterie des ouvrages, d'autant plus efficace dans
ce moment que l'assiégeant est forcé de faire taire
ses batteries, de peur de tirer sur ses troupes. Bien
plus, ils ne doivent pas attendre, pour faire
leur retraite, que l'ennemi soit arrivé sur la crête
du glacis; car, posté aussitôt vis-à-vis des défilés des traverses, il obstruerait ces étroits passages par quelques gabions; il découvrirait en même
temps les pas de souris qui règnent aux arrondisse-
mens des contrescarpes; ce qui ne permettrait
plus aux défenseurs de se retirer. Ce qu'il y a donc
de mieux à faire, et l'on a vu dans l'introduction
qui précède ce Mémoire, que telle était l'opi-
nion de Vauban, c'est de tirer sur les troupes as-
saillantes au moment où elles franchissent la
parallèle, et d'évacuer aussitôt la place d'armes saillante et les deux branches du chemin couvert, soit
en défilant par les passages des traverses, soit en
descendant tout de suite dans le fossé par les escaliers, les rampes, ou le talus de la contrescarpe, lorsqu'elle n'est pas revêtue. Quant aux places d'armes
rentrantes, comme l'assiégeant ne pourrait s'étendre
jusqu'à elles, sans développer beaucoup de troupes,
et s'exposer ainsi à une perte effroyable, surtout
lorsque l'attaque est dirigée contre le chemin couvert d'une demi-lune à grande saillie, on pourra

presque toujours y rester. Dans tous les cas, il sera essentiel de ne pas en abandonner les réduits, à cause des facilités qu'ils offrent pour rentrer en possession du chemin couvert.

Les tirailleurs ont pour lieux de refuge les places d'armes rentrantes et les demi-lunes. Dans les premières, ils se placent le long des faces perpendiculaires aux branches attaquées, et tirent vivement sur les travailleurs ennemis. Dans les demi-lunes, ils se réunissent aux gardes de ces ouvrages, et montant sur les banquettes ménagées entre les plates-formes de l'artillerie, ils font un feu vif et continu sur le couronnement. S'il s'agit d'une demi-lune à grande saillie, par exemple, nous avons vu qu'on pouvait y placer 14 tirailleurs sur chaque face ; mais comme l'une des faces se trouve ordinairement opposée aux attaques, et que le couronnement s'étend fort peu le long de son chemin couvert, on ne pourra sans doute y placer que quelques tirailleurs fort rapprochés du saillant, pour agir sur les troupes et les travailleurs ennemis. L'ouvrage entier n'en aura donc que vingt environ. Triplant ce nombre, afin que les hommes puissent se relever de demi-heure en demi-heure, ou même de quart d'heure en quart d'heure, et faire ainsi le feu le plus vif possible, ce sera 60 tirailleurs que chaque demi-lune devra recevoir, ce qui en exigera de 30 à 40 en sus de la garde de cet ouvrage et de son réduit.

Si le chemin couvert du bastion est insulté en

même temps que celui des demi-lunes, la garde du corps de place devra garnir, aussitôt, sur les deux faces de ce bastion, les banquettes ménagées entre les plates-formes, et tirailler avec vivacité contre le couronnement. En général, il faut garnir de mousqueterie tous les ouvrages dont le chemin couvert est insulté.

Les postes des places d'armes saillantes, destinés aux petites sorties, doivent se retirer dans les places d'armes rentrantes, y rallier autour d'eux les tirailleurs inutiles pour le feu, et se préparer à faire une sortie vigoureuse, afin de forcer l'ennemi d'abandonner son entreprise.

Cependant le gouverneur accourt, dans ce moment critique, à la tête du bataillon d'élite, renforce de tirailleurs les ouvrages qui en auraient un trop petit nombre, réunit quelques compagnies aux postes pour les sorties, qui s'organisent dans les places d'armes rentrantes, et attend l'instant de porter le dernier coup à l'ennemi.

Nous avons vu, en traitant de l'action de l'artillerie contre le couronnement de vive force du chemin couvert, que douze pièces seulement, conservées en état de tirer sur un saillant, pouvaient y lancer 6720 balles dans le premier quart d'heure ; qu'on y ajoute le feu très-rapproché des tirailleurs, soit des ouvrages, soit des places d'armes rentrantes, et l'on jugera combien de chances promet cette action combinée de l'artillerie et de la mousqueterie, pour faire manquer l'entreprise de l'assaillant, ou

du moins pour la rendre si meurtrière et si impar-
faite, qu'il devienne facile de le chasser à la baïonnette. Ainsi, supposé qu'après une heure ou deux
de feu, il soit encore cramponné en quelque point,
on n'hésitera pas à faire une sortie avec les
troupes réunies dans les places d'armes rentrantes.
Parcourant rapidement les glacis, elles iront plonger et enfiler les deux branches du couronnement,
y prendre l'ennemi à dos et de revers, tandis que
des travailleurs à leur suite renverseront les gabions,
et recombleront les logemens amorcés.

C'est ainsi que l'assiégé, forcé d'abandonner momentanément les chemins couverts devant une
attaque de vive force, en reprendra bientôt possession ; et sans doute l'assiégeant, peu tenté de renou-
veller cette attaque meurtrière, prendra le parti de
les couronner pied à pied à l'aide de la sape [1].

Dans ce second genre d'attaque, ses sapeurs,
en butte aux feux très-rapprochés d'artillerie et
de mousqueterie, ont de plus à redouter une nouvelle arme, que leur proximité des chemins cou-

---

[1] Il est un moyen fort simple de rendre tout-à-fait impossible
le couronnement du chemin couvert de vive force ; c'est de rem-
blayer la surface du glacis avec des pierres, sur une longueur de
40 à 50 mètres de chaque côté de la capitale, et sur une largeur de six à huit mètres, parallèlement et à quelques mètres
de la crête du chemin couvert. La force de la garnison
permettra souvent de former ce remblai, sur les saillans
menacés, dans l'espace de temps compris entre l'ouverture
de la tranchée et l'ouverture du feu des batteries assiégeantes.

verts permet maintenant à l'assiégé d'employer, la grenade à main. On sait que ce projectile peut être lancé à 30 mètres, en terrain horizontal [1]. Ainsi, dès que les têtes de sape parviendront à cette distance du chemin couvert, les défenseurs de la place d'armes saillante pourront y en jeter continuellement. Sans abri, dans leurs formes étroites, contre ces projectiles verticaux et contre leurs éclats, les sapeurs en seront vivement inquiétés, leur marche en sera ralentie. L'assiégeant, afin de les délivrer de cette grêle dangereuse, construit ordinairement des cavaliers de tranchée. Ce sont de petites éminences placées à 30 mètres environ du saillant, dans le prolongement des branches de la place d'armes, et formées de plusieurs étages de gabions, qui en élèvent assez le sommet, pour que quelques fusiliers puissent plonger dans la place d'armes, voir ses deux branches d'enfilade et de revers, et découvrir les passages des traverses, ainsi que le sommet de l'escalier qui règne à l'arrondissement de la contrescarpe. Lorsque les glacis sont inclinés au vingtième, et il est rare qu'ils aient une pente plus douce, ces cavaliers ne peuvent remplir leur objet qu'au moyen de 3 mètres de relief au-dessus du glacis ; et même quand la place d'armes, au lieu d'être aiguë comme celle de la demi-lune de Cormontaingne, forme un angle d'environ 90 degrés, la crête du

___

[1] La grenade à main est du calibre du boulet de 4 (8 centimètres), et pèse deux livres. Elle peut contenir 8 onces de poudre

glacis se trouve assez rapprochée des points qu'elle doit couvrir pour que ce relief soit encore insuffisant. De semblables éminences seront bien longues, bien difficiles à élever sous le canon de la place, qui pourra les battre en ruine, de jour et même de nuit, à la clarté des pots à feu. L'assiégeant a recours aussi à des batteries de pierriers, contre les défenseurs de la place d'armes saillante. Mais ces deux moyens d'attaque laissent encore au saillant de la place d'armes un petit espace, où l'assiégé peut tenir quelques hommes ; espace défilé des cavaliers de tranchée par la crête du glacis, et peu exposé aux projectiles des pierriers, parce que son voisinage des têtes de sape oblige l'ennemi de les diriger sur des points plus éloignés, de peur d'atteindre ses sapeurs. Il est vrai que la communication à cet espace est périlleuse ; cependant elle restera possible de nuit, peut-être même de jour, si les hommes ont l'attention de se courber, à l'arrondissement de la contrescarpe ou aux défilés des traverses, afin de se dérober aux feux des cavaliers de tranchée. On tachera d'y loger une quinzaine d'hommes, qui se relèveront entre eux, de manière qu'il y en ait toujours cinq occupés à lancer des grenades.

Les tirailleurs forcés d'abandonner la place d'armes saillante se réunissent à ceux des places d'armes rentrantes. Quant à ceux des branches en arrière du saillant, dans le cas où le feu des cavaliers de tranchée les prendrait, sur les banquettes, d'enfilade et de revers, on tâchera de les en défiler par des gabions placés sur les traverses, afin qu'ils puissent continuer à agir sur les têtes de sape. Autrement, on serait obligé de les ramener dans les places d'armes rentrantes, en ne laissant que ceux des crochets vis-à-vis des traverses.

Les petites sorties nocturnes peuvent maintenant espérer de nouveaux succès, puisque les têtes de sape en avant des cavaliers de tranchée ne sont protégées que par ces ouvrages et par leur communication, établissemens peu développés, dans lesquels l'assiégeant ne peut avoir beaucoup de monde, et dont le feu risque même d'atteindre ses sapeurs. Il est essentiel qu'elles franchissent la crête du chemin couvert le plus près possible des têtes de sape, afin d'essuyer moins long-temps le feu de l'ennemi. A cet égard, on remarque que la fortification n'offre ordinairement que deux barrières à chaque saillant, situées sur les branches de la place d'armes, en avant des traverses, et que leur accès devient périlleux pour les sorties, après la construction des cavaliers de tranchée. Il serait donc utile de placer en arrière des premières traverses, contre la palissade qui règne au pied du talus intérieur, des escaliers en bois de trois ou quatre marches, munis de petits ponts levis destinés à recouvrir l'intervalle de la palissade à la crête. Retirés, à mesure des progrès du couronnement, dans les intervalles successifs des traverses, ils offriraient la facilité de franchir le parapet tout près des têtes de sape, et de tomber sur elles à l'improviste. Peut-être aussi, tant que le couronnement de l'ennemi n'est pas parvenu jusqu'aux barrières de la place d'armes saillante, serait-il bon d'unir ces barrières à l'escalier de l'arrondissement de la contrescarpe, ou aux issues du tambour de la place d'armes, au moyen de petites tranchées et de gabionnades, qui abriteraient les hommes de sortie contre les cavaliers de tranchée, jusqu'au moment où ils déboucheraient sur le glacis. L'avantage évident de ces petites sorties contre les têtes de sape, alors fort rapprochées et faiblement soutenues, doit engager à les répéter fréquemment, toutes les heures, par exemple, comme le conseille Cormontaingne, avec une quinzaine d'hommes de chaque côté de la capitale. Voici ce que dit cet ingénieur sur l'effet qu'on peut s'en promettre : « C'est ainsi que l'on retarde considérablement la marche des sapes ; si ce n'est pas le moyen de faire perdre à la fois beaucoup de monde à l'ennemi, l'assiégé y gagne au moins du temps, pendant lequel l'assiégeant ne laisse pas de perdre des hommes dans le détail et le développement de ses attaques. Ce temps d'ailleurs serait tout ce qui pourrait arriver de plus heureux pour une place, qui compterait sur quelques secours capables d'en faire lever le siége. »

Enfin, lorsque le couronnement s'éloigne des établissemens destinés à le protéger, l'assiégé doit l'attaquer avec des détachemens plus forts suivis de travailleurs, qui, partant des places d'armes rentrantes, franchiront rapidement l'espace qui les sépare du couronnement, plongeront l'ennemi à dos, de revers et d'enfilade, et détruiront son travail. Ces attaques forceront l'assiégeant de relier les couronnemens des saillans par une quatrième parallèle, et lui feront perdre du temps.

Voilà donc toutes les petites armes en jeu, le fusil, la baïonnette, la grenade. L'artillerie de son côté redouble d'efficacité, puisque la proximité des attaques rend le tir plus certain, et que la lueur des pots à feu permet de le diriger la nuit comme le jour. Qu'à ces moyens de défense on ajoute, dans quelques cas, le jeu des contre-mines, et l'on jugera combien la position de l'assiégeant est critique et défavorable. Il ne se présente que sur quelques points, où l'assiégé réunit tous ses moyens de défense, fait converger tous ses projectiles, tandis qu'il est forcé lui-même d'interrompre le jeu de la plupart de ses batteries.

Concluons de là que si l'attaque de vive force des saillans du chemin couvert est une opération bien périlleuse et d'un succès douteux, l'attaque pied à pied offre aussi d'extrêmes difficultés ; qu'ainsi la possession de ces saillans doit coûter à l'ennemi beaucoup d'hommes et de temps. Aussi considère-t-on généralement la prise du chemin couvert, comme l'événement le plus considérable et le plus périlleux du siége. (*Cormont. Attaque des places.*)

Expliquons ici le rôle que le réduit de la place d'armes saillante doit jouer dans la défense du chemin couvert, réduit que nous ne supposons qu'en bois, et construit au moment du siége, puisqu'en général la fortification existante n'en offre point de permanent. Cet ouvrage est sans action contre le couronnement de vive force, car les tirailleurs que l'on pourrait y laisser gèneraient la mousqueterie et la mitraille des ouvrages en arrière, qui, dans ce moment critique, doivent être dirigées sur l'assaillant. Il est également sans action contre un couronnement pied à pied. En effet, la nécessité de le dérober au tir des batteries assiégeantes limite sa hauteur au niveau de la crête du glacis ; le feu des cavaliers de tranchée oblige en outre de faire régner sur tout son pourtour un petit auvent, afin d'en préserver ses défenseurs ; de sorte que les créneaux pratiqués dans l'épaisseur de son enveloppe en bois étant sensiblement moins élevés que la crête du glacis, les coups de fusil qui en partent, après avoir rasé cette crête, ne peuvent atteindre les sapeurs placés sur la pente du glacis, à cinq ou six mètres au delà. Ainsi, ce n'est donc pas par ses feux que cet ouvrage offre quelque avantage : mais il nous paraît utile, 1°. pour abriter, contre les feux de l'assiégeant, les postes d'élite destinés aux petites sorties ; 2°. pour couvrir le pas-de-souris de la contrescarpe, et, dans le cas d'une attaque de vive force, permettre aux défenseurs de la place d'armes saillante, réfugiés promptement sous son abri, de s'écouler en sûreté par ce petit escalier ; 3°. pour recevoir les hommes chargés de lancer des grenades, lorsqu'ils sont débusqués du saillant, afin qu'ils puissent y continuer ce rôle contre les sapes du couronnement.

Lorsque l'assiégeant a couronné le saillant du chemin couvert à peu près jusqu'aux prolongemens des escarpes de l'ouvrage, il y poste des tirailleurs qui prennent d'enfilade et de revers, par dessus les traverses, les défenseurs placés sur les banquettes des branches, et qui découvrent souvent les communications du chemin couvert. Alors les tirailleurs assiégés sont ordinairement forcés d'abandonner ces branches, pour se retirer, soit dans les places d'armes rentrantes et dans le chemin couvert du bastion, lorsque le rentrant en est fort prononcé, soit dans les ouvrages en arrière, sur les banquettes ménagées entre les plates-formes de l'artillerie.

Dans le Dodécagone de Cormontaingne, dès que les saillans des chemins couverts des demi-lunes seront couronnes, nous ne conserverons de tirailleurs que dans les places d'armes rentrantes, et dans la place d'armes du bastion d'attaque : ceux des branches en avant des demi-lunes se retireront dans ces ouvrages, où l'on a vu qu'il était possible de servir vingt créneaux découvrant les travaux de l'attaque.

L'abandon des places d'armes rentrantes elles-mêmes dépendra du plus ou moins de facilité qu'aura l'ennemi de les plonger, de les prendre à dos ou de revers, ou d'en maîtriser la communication. Les tirailleurs, à mesure qu'ils en seront chassés, devront se retirer dans leurs réduits, lorsqu'il y en aura, ou bien ils rentreront dans la place pour se poster sur les faces des bastions. Dans le système de Cormontaingne, le réduit de la place d'armes découvre toutes les sapes dont l'ennemi peut sillonner les glacis du bastion et de la demi-lune, et offre assez de capacité pour recevoir les hommes nécessaires au service d'une trentaine de créneaux.

Les hommes chargés de lancer des grenades, à mesure qu'ils sont forcés d'abandonner le saillant de la place d'armes, et ensuite son tambour, se retirent successivement derrière les traverses, dans le terre-plein du chemin couvert, afin d'y continuer à jeter des grenades sur les têtes de sape. Sans doute ils seraient exposés aux feux des tirailleurs des ouvrages en arrière, surtout pendant la nuit, si ceux-ci tiraient négligemment suivant la plongée du parapet; mais au moyen des précautions que nous avons conseillées pour assurer la direction du tir, on peut espérer que leurs coups seront assez bien ajustés, pour ne faire courir aucun danger aux hommes placés dans le terre-plein du chemin couvert. Quant à la communication avec ce terre-plein, elle se fera à l'abri de quelques gabionnades, dont on masquera en partie les défilés des traverses, contre les coups de fusil que des tireurs ennemis, embusqués au couronnement du saillant, pourraient sans cesse diriger sur ces points. Nous placerons une dixaine de grenadiers dans chaque branche du chemin couvert couronnée par l'assiégeant.

Il nous reste à parler d'un accessoire indiqué par

quelques auteurs pour la défense du chemin couvert, la double palissade. En quelque lieu qu'on la place, soit sur le terre-plein, comme le propose Bousmard, soit à 1^m,00 ou 1^m,30 de celle qui règne au pied du talus intérieur, comme l'indique le Mémorial de Cormontaingne pour la défense, elle offre plusieurs inconvéniens ; elle gêne le feu de mousqueterie, par les difficultés qu'elle apporte aux mouvemens d es tirailleurs ; elle multiplie par ses éclats, dans le chemin couvert, les dangers du ricochet et même ceux du tir direct, dont les projectiles, rasant le sommet du glacis, plongent ensuite dans le terre-plein. D'ailleurs, elle n'assure point la défense du chemin couvert. Car dans le cas d'une attaque de vive force, les défenseurs, qui se retireraient derrière elle, y seraient pris d'enfilade et de revers comme derrière la première, par les troupes rangées au saillant, sur la crête du glacis. Dans celui d'une attaque pied à pied, elle serait également sans efficacité. En effet, ou elle serait élevée au-dessus de la première, afin que ses défenseurs pussent agir sur les sapes, et alors elle serait en prise aux coups directs de tout l'horizon ; ou bien on la tiendrait moins élevée, ce qui, forçant les défenseurs à tirer de bas en haut, ne leur permettrait plus d'atteindre les sapeurs cheminant sur la pente du glacis. Le principal avantage que trouve Cormontaingne à la double palissade, est d'empêcher l'assaillant de venir de loin se jeter dans le chemin couvert, sur les tirailleurs et sur les troupes destinées aux sorties (*Mémorial pour la Défense*, pag. 10). Mais une première palissade, telle que l'usage l'a consacrée, suffit déjà pour rassurer contre ces saillies de l'audace, et peut dispenser d'un second rang de palissades. Cependant, lorsque les communications avec le chemin couvert sont difficiles, comme dans le cas de fossés pleins d'eau, où elles ne peuvent avoir lieu que par quelques ponts ou en bateaux, peut-être une double palissade serait-elle de quelque utilité, pour rassurer les défenseurs du chemin couvert contre une attaque de vive force, en leur offrant la facilité de faire leur retraite, sans crainte d'être poursuivis la baïonnette dans les reins par un assail-lant supérieur en nombre. Encore serait-il bon, si la force de la garnison permettait d'exécuter ce travail avec rapidité, de ne la mettre en place que lorsque l'assiégeant aurait fait sa troisième parallèle, et serait forcé de ralentir le feu de ses batteries à ricochet contre le chemin couvert. Autrement, ses éclats et l'encombrement qu'elle occasionerait dans le terre plein nuiraient à la défense.

Lorsqu'une fois l'assiégeant a couronné les saillans du chemin couvert, le nombre d'hommes à fournir par la garnison du dodé-cagone régulier, pour le service des petites armes, peut être réglé comme il suit :

		Gardes des 24 heures.	Renfort de nuit.
Fronts attaqués.	Corps de place.	108	»
	Demi-lunes et leurs réduits.	64	80
	Chemin couvert du bastion, et places d'armes rentrantes adjacentes.	120	240
	Réduits des places d'armes rentrantes.	24	»
	Postes pour les sorties.	120	»
	Lanceurs de grenades.	40	»
Fronts collatéraux.	Corps de place	108	»
	Demi-lunes et leurs réduits.	58	»
	Chemins couverts.	»	52
Fronts opposés aux attaques.	Corps de place.	432	»
	Chemins couverts.	»	208
	Réserve centrale.	150	»
	Total.	1224	580

SEPTIÈME PÉRIODE.

Construction des batteries de brèche, descentes et passages de fossés, et logemens sur les ouvrages.

Lorsque l'assiégeant a couronné les saillans du chemin couvert, il s'occupe de la construction des batteries de brèche. Dans ce travail, il reste couvert par les parapets du couronnement, et n'é-

prouve que peu d'obstacles des feux directs de l'artillerie et de la mousqueterie. Les feux courbes sont
alors les plus efficaces ; il faut les prodiguer sur ces
points , autant que le permet l'état des pièces et
des munitions; ce qui n'empêchera pas d'embusquer
des tireurs sur les ouvrages , afin d'ajuster les canonniers ennemis, lorsqu'ils seront forcés de se découvrir
pour démasquer les embrasures et pointer les pièces. Mais le moyen de défense qui nous paraît le plus
redoutable, ce sont les sorties. Sans doute que sous
le feu rapproché des établissemens de l'ennemi , elles
ne peuvent se faire sans péril et sans essuyer des pertes ; car partant des places d'armes rentrantes, elles
prêtent le flanc à ces feux , en parcourant l'espace qui
les sépare des batteries de brèche. Mais le résultat
important d'enclouer les canons, de briser les affûts , de bouleverser les batteries , et de retarder
ainsi peut-être de plusieurs jours l'ouverture de la
place, vaut bien la peine d'être acheté au prix de quelques dangers. Si jusqu'à présent nous avons ménagé
le sang des braves, ce n'est pas pour les rendre
les tristes témoins de la chute de la place ; c'est, au
contraire, afin de conserver leur courage et leur
vie pour une époque critique du siége, où leurs
efforts et leur bravoure peuvent se promettre le
plus de chances de succès; et cette époque, nous
y entrons. Désormais les travaux de l'assiégeant
prêtent le flanc aux sorties ; nous n'exposons que
peu de monde à la fois pour les ruiner ; et leur
réparation , sous le feu à bout portant de nos ou-

vrages, lui coûtera beaucoup de temps et d'hommes. Outre les sorties principales des places d'armes rentrantes, on peut encore tenter de petites sorties de quelques braves, qui, se glissant la nuit jusque derrière les traverses les plus voisines des batteries, franchissent subitement le chemin couvert à l'aide de petits escaliers, fondent sur les sapeurs et canonniers qui se trouvent sous leurs coups, et, après les avoir immolés, rentrent aussitôt. Ces saillies de l'audace inspireront à l'assiégeant une timidité qui fera languir le siége. Le jeu des mines destinées à bouleverser les batteries du couronnemment est très-favorable au succès des sorties. Dans le premier moment de stupeur et d'effroi que causent toujours aux troupes assiégeantes ces volcans artificiels, au milieu des ombres de la nuit, lançons des détachemens préparés d'avance dans les places d'armes rentrantes, pour achever de renverser et de détruire ce que l'explosion aurait épargné. Les gardes du couronnement, déja intimidées et effrayées par le jeu des fourneaux, et croyant voir la terre prête à les engloutir, ne leur opposeront qu'une bien faible résistance.

Les petites armes sont à peu près impuissantes pour retarder la descente du fossé, soit qu'elle se fasse en galerie souterraine ou en galerie blindée. Les sorties seulement auront encore quelques chances de détruire le travail et de tuer les mineurs, si elles peuvent parvenir jusqu'à l'entrée de la galerie, laquelle part ordinairement du couronnement du chemin cou-

vert. Quant aux descentes à ciel ouvert, qui conduisent l'ennemi dans le terre-plein du chemin couvert, et quelquefois jusqu'au fond du fossé, lorsque
la contrescarpe a très-peu d'élévation, elles ont fort
à craindre les coups de fusil de l'ouvrage opposé
et des ouvrages flanquans. Obligées de traverser
différens talus, dans une direction telle que leur
parapet a sa base sur un sol moins élevé que le revers
qu'il doit couvrir, on ne peut les abriter qu'au moyen
d'une grande profondeur, ou d'une hauteur de parapet considérable. Il faudra donc tenir sur les ouvrages des tireurs embusqués, afin de surveiller ces
portions de descentes, et d'obliger le sapeur assiégeant à remuer autant de terre que l'exigera un
défilement complet. Les grenades à main pourront
aussi retarder ce travail dès qu'il arrivera sous leur
portée : alors on pourra, suivant le conseil de
Vauban, pratiquer de petites tranchées circulaires
dans le parapet de l'ouvrage opposé, afin de rapprocher les lanceurs de grenades du but qu'ils doivent
atteindre.

Enfin l'assiégeant achève ses descentes, et débouche
au fond du fossé. Ici sa position devient fort critique, car il se trouve seul, isolé dans le fossé, n'ayant
d'autre protection que les feux du couronnement du
chemin couvert, sous une grêle de grenades lancées
du haut des parapets, et, surtout, sans soutien immédiat contre les sorties. Aussi faut-il saisir ce moment,
avant qu'il n'ait le temps de s'étendre dans le fond
du fossé, pour l'attaquer par de petites sorties,

qu'on renouvellera tant que la garnison comptera
des soldats assez braves, non pour aller tirer à la
hâte quelques coups de fusil sur les débouchés, mais
pour y attaquer franchement l'ennemi à la baïonnette. C'est ici que le bataillon d'élite, formé dès
le commencement du siége, spécialement pour les
coups de vigueur, va offrir les plus précieuses ressources. L'instant est arrivé pour ces braves de
donner par leur audace un nouvel éclat à la défense :
que ce mot heureux de Chamilly, *C'est là que je les
attendais*, résonne donc à leurs oreilles, et les en-
flamme d'un noble enthousiasme.

Ces sorties se composent de petits détachemens de
huit ou dix hommes intrépides, qui s'élancent de derrière les demi-caponnières placées aux extrémités des
fossés des demi-lunes, ou de derrière la tenaille et le
flanc, selon que l'assiégeant est dans le fossé de la demi-lune, ou dans celui du bastion. Ils courent sur le
débouché, se jettent sur le mineur ennemi, le pour-
suivent dans sa galerie, qu'ils tâchent aussitôt d'ob-
struer dans le milieu par quelques sacs à laine; trois
ou quatre mineurs les suivent avec un ou deux barils
de poudre, auxquels ils mettent le feu en se retirant,
afin de faire écouler la galerie. On réunit jusqu'à trois
de ces détachemens derrière la tenaille ou derrière la
demi-caponnière de la demi-lune, afin que si l'un ne
réussit pas, un autre lui succède. Ensuite ces trois détachemens n'en forment qu'un seul, lorsque l'ennemi,
ayant déjà exécuté une partie de l'épaulement de son
passage du fossé, peut opposer plus de résistance.

L'assiégeant observe, du haut de ses logemens aux saillans des chemins couverts, l'espace que les sorties ont à franchir pour atteindre ses débouchés, et, dès qu'il les aperçoit, il ne manque pas de les assaillir d'une grêle de balles. Mais on remarquera que ces logemens ne donnent que des feux très-incertains pendant la nuit, qu'ils sont eux-mêmes tourmentés et fatigués par les feux courbes de la place, par les feux directs des ouvrages opposés, et souvent aussi par des feux de flanc et de revers, qui tous nuisent beaucoup à la vivacité et à la justesse des tireurs ennemis, et rendent les sorties moins dangereuses. D'ailleurs, il n'est pas impossible d'établir dans les fossés de légères gabionnades, afin de couvrir les détachemens contre la mousqueterie du couronnement, sur une partie de l'étendue qu'ils ont à parcourir pour approcher des débouchés. L'ennemi peut encore s'opposer aux sorties, en établissant des logemens auprès des descentes, sur le sommet de la contrescarpe, afin de jeter dans le fossé des grenades, des obus ou des bombes ; ou bien, en renversant la contrescarpe par des fourneaux de mines, il peut y former des brèches situées au-dessous de la plongée de l'ouvrage opposé, et y loger des postes pour défendre le fossé. Mais ces logemens deviendront le réceptacle des grenades, des pierres, des obus, des bombes que la place y fera converger, et les dangers multipliés que ces feux y feront éprouver aux postes ennemis, leur laisseront moins de courage pour s'opposer aux petites sorties

Plus le logement de l'ennemi fait de progrès dans le fossé, plus l'y réunit de forces, à couvert des feux de flanc, pour repousser les sorties. Mais si ses dangers diminuent d'un côté, ils augmentent d'un autre ; car il tombe, en s'approchant, sous la portée des grenades à main, et même des obus roulés du haut de la brèche et des parapets. Il faudra donc incessamment faire pleuvoir sur lui ces projectiles, et placer à cet effet, derrière les parties du parapet les plus voisines du passage, une trentaine d'hommes qui se relèveront entre eux toutes les demi-heures, afin d'agir sans interruption.

L'assiégeant, pendant qu'il exécute ses descentes et passages de fossés, bat les revêtemens des ouvrages à coups de canon, et ne tarde pas à y faire des brèches praticables. Nous approchons donc de l'assaut, de ce moment de crise à la fois pour l'assiégeant et l'assiégé, où celui-ci doit concentrer autour des brèches toutes les ressources qui lui restent en valeur, en industrie. Considérons en premier lieu les brèches au corps de place. L'expérience a prouvé que lorsqu'elles sont facilement accessibles, on ne peut guère compter sur leur défense, sans retranchemens intérieurs. Car s'il n'existe point de réduit de sûreté, le succès de l'assaut livre la garnison à la merci du vainqueur, et il est peu de troupes qui, à cette époque du siége, déjà fatiguées par de longs travaux et des dangers continuels, conservent assez d'énergie pour encourir des chances aussi terribles. Un retranchement change cet état

de choses. En rassurant la garnison contre la crainte
d'être passée par les armes, il l'encourage à défendre
la brèche avec opiniatreté ; de plus , par les feux
de mousqueterie et de mitraille, et par les feux courbes qu'il réunit sur la brèche, il éclaircit les colonnes
d'assaut et protège la retraite des défenseurs.

Ainsi , dès que la direction des attaques fait
connaître les bastions menacés , il est essentiel que le
gouverneur y fasse entreprendre des retranchemens.
Ces ouvrages peuvent recevoir des formes très-va-
riées , suivant la capacité des bastions, la position
des points que l'ennemi peut mettre en brèche , la
quantité de travail que la force de la garnison permet
d'y consacrer durant le siége. Ils sont, en général, d'une
exécution facile lorsque les bastions sont pleins : mais
dans le cas de bastions vides, ils peuvent exiger un tel
relief, pour être défilés des logemens de l'ennemi sur la
brèche, que la garnison ne puisse les élever qu'avec
peine. Sans prétendre indiquer ici la forme la plus
avantageuse à adopter, problème de fortification qui
nous jetterait dans des discussions étrangères à ce Mémoire, nous supposerons , pour fixer les idées , que
le bastion est retranché d'une épaule à l'autre , ou
entre les deux angles de courtine, par un front bastionné précédé d'une petite demi-lune, comme on
en trouve de dessiné dans les planches du Mémorial
de Cormontaingne pour la défense. Armé d'artillerie
sur ses flancs et sur ses faces, ainsi que nous l'avons
proposé dans le *Mémoire sur l'Armement des Places*, ce retranchement offrira encore un développe-

ment de ligne de feu assez considérable , que l'on garnira de fusiliers , autant que possible à raison d'un par chaque mètre courant ; sa petite demi-lune sera défendue par une vingtaine d'hommes , afin d'empêcher l'assaillant de pénétrer de prime-abord jusqu'à la poterne du retranchement.

L'action de cet ouvrage sur la brèche ainsi assurée , il reste à pourvoir à la défense immédiate de la brèche. Nous proposons , à cet effet , de pratiquer dans le terre-plein de l'ouvrage , autour du sommet de la brèche, une petite tranchée disposée de manière à ne point donner de couvert contre les feux du retranchement en arrière , et prolongée à droite et à gauche jusque sur la banquette des extrémités du parapet non éboulé. On y placera d'abord une dixaine d'hommes chargés d'organiser des moyens matériels de défense , et de rouler des bombes, des obus , de jeter des grenades sur les sapeurs ennemis gravissant le talus de la brèche. De plus , elle recevra, à droite et à gauche , des détachemens d'élite formant ensemble une trentaine d'hommes , destinés à jeter des grenades sur les sapeurs, à les fusiller lorsqu'ils pourront les apercevoir, et à tenter une résistance de pied ferme contre la colonne assaillante. Il est inutile de faire observer que ces dispositions n'empêcheront pas celles de la défense par les mines.

Dans la plupart des fortifications actuelles , l'assiégeant peut battre le corps de place en brèche, à la courtine en même temps qu'au bastion ; car la courtine est aperçue du couronnement du che-

min couvert, par le défaut de cuirasse que
laissent le profil de la tenaille et le flanc du
bastion. Dans le système de Cormontaingne, le
réduit de place d'armes rentrante, et la demi-
lune, par son recouvrement de l'épaule du bastion,
achèvent, il est vrai, de masquer la courtine aux feux
du couronnement ; mais l'assiégeant peut encore la
battre en brèche en amenant quelques pièces dans le
réduit de la place d'armes rentrante. Les brèches aux
courtines seraient plus dangereuses que celles des
bastions, si elles étaient aussi accessibles, car elles
tournent les retranchemens intérieurs de ces ouvrages, et ne peuvent presque jamais être elles-mêmes re-
tranchées. Heureusement elles ont peu de largeur, et
sont assez éloignées des débouchés de l'assiégeant,
pour qu'on les regarde en général comme difficilement
accessibles. Il n'en est pas moins essentiel cependant
de pourvoir à leur défense avec le plus grand soin.
Outre les dispositions que nous venons de décrire
pour la défense directe de la brèche, nous aurons encore recours à deux moyens de défense ; le premier,
de mettre sur le flanc adjacent quelques hommes
chargés de rouler des obus, des bombes, de faire
pleuvoir des grenades sur la colonne assaillante ; le
second, de tenir un poste derrière la tenaille, qui,
couvert par une palanque élevée du profil de la
tenaille à la courtine, puisse fusiller de revers l'assaillant, à mesure qu'il se présente. Ce poste cher-
chera de plus à déblayer le pied de la brèche, et y
formera quelques fougasses, pour les faire jouer

au moment de l'assaut. Avec ces précautions, il sera difficile que l'assaillant, en butte à des feux directs, de flanc, de revers et verticaux, réussisse à pénétrer par les brèches des courtines.

Les retranchemens intérieurs ne sont pas indispensables pour la défense des brèches aux demi-lunes, comme pour celle des brèches aux bastions. Le succès de l'assaut n'y compromet pas le salut de la garnison ; et les défenseurs, accablés par le nombre, trouvent un refuge dans les fossés de la place, derrière la tenaille, tandis que les feux du corps de place réunis sur l'assaillant rendent sa position fort périlleuse. Cependant les retranchemens facilitent cette défense, et surtout les retours offensifs, par lesquels on essaye de chasser l'ennemi de son logement. Aussi Vauban et Cormontaingne placent-ils dans la demi-lune un réduit plus ou moins consistant ; et lorsque ce réduit n'existe point, il est essentiel d'y suppléer par une forte palanque, par un blockhauss, ou par tout autre ouvrage que les ressources de la place et la force de la garnison permettent de construire : travail d'ailleurs moins nécessaire, si la petite saillie de la demi-lune n'oblige pas à la prendre avant d'insulter le corps de place. On pourra mettre environ cinquante hommes dans un réduit de demi-lune à la Cormontaingne, dont quinze sur chaque face, le plus près possible des pièces placées au pan coupé du saillant, et vingt pour défendre les deux poternes et la gorge. Quant à la défense immédiate des bré-

ches aux demi-lunes, elle sera organisée comme
celle des brèches aux bastions.

Tels sont nos préparatifs pour la défense des
brèches : mettons-les maintenant en action.

Dès que l'assiégeant est en mesure d'attaquer
une brèche, soit pied à pied, soit de vive force, les dix
hommes blottis dans la tranchée qui en enveloppe
le sommet, font rouler sur le talus, de manière
à embrasser autant que possible toute la largeur de
la brèche, des abattis et des chevaux de frise, reliés
entre eux par des chaînes : ils y sèment aussi une
grande quantité de chausse-trapes, et tiennent en
réserve un dépôt de ces obstacles, afin de renouve-
ler les premiers, dans le cas où l'ennemi parviendrait à les faire disparaître à coups de canon, à
les brûler, ou même à les attirer en bas de la brèche.
Pendant la nuit, ils allument des réchauds sur
la brèche, afin de l'éclairer. L'assiégeant gravit-il
l'escarpement pied à pied à l'aide de la sape, ces
hommes roulent des bombes, des obus, et jettent des
grenades sur les sapeurs, déjà embarrassés, dans
leurs travaux, par les abattis et les chevaux de frise :
les détachemens placés à droite et à gauche de la
brèche leur jettent aussi des grenades sans interruption. Accablés sous les éclats de ces projectiles,
et en butte à des feux de flanc et de revers, ces sapeurs quittent-ils leur travail de temps à autre, pour laisser agir les feux du couronnement sur
le sommet de la brèche? alors les grenadiers de la
tranchée se blotissent dans les parties les moins pé-

rilleuses, et recommencent ce jet de projectiles,
dès que l'ennemi reparaît en tête de la sape. Les
sapeurs sont de plus exposés aux feux partant des
deux extrémités de la tranchée. Enfin, quelques
grenadiers se glissant dans les fossés, à la faveur
de la nuit, peuvent aussi attaquer le revers de
la brèche, précipiter les sapeurs jusqu'au pied,
et culbuter leurs gabions, mal assis sur un talus de
décombres, en ne restant eux-mêmes, dans ces attaques rapides, qu'un instant exposés aux feux des
logemens ennemis.

Ou bien l'assiégeant, rebuté des longueurs et des
difficultés d'une attaque pied à pied, veut-il se loger
de vive force sur la brèche? La colonne d'assaut,
embarrassée par les obstacles et les débris qui en
obstruent le talus, ne peut le gravir qu'avec
peine et en désordre, sous les feux de mousqueterie et de mitraille des ouvrages qui la voient
de revers, et sous la grêle de grenades que les
défenseurs font incessamment pleuvoir sur elle.
Réussit-elle à gravir l'escarpement? les défenseurs du sommet se réunissent aussitôt, et
fondent sur elle, sans lui donner le temps de se
former en ordre. Mais, supposé qu'inébranlable
à ce premier choc, elle les force à se retirer, la
mousqueterie et la mitraille du retranchement, agissant avec vivacité, éclairciront ses rangs et ceux des
travailleurs à sa suite; l'explosion des mines y jet-
tera l'épouvante; et les postes d'élite, renforcés, s'il
est nécessaire, s'élanceront pour en achever le dés-

astre et renverser le commencement du logement

A cette époque du siége, la garnison ne doit pas cesser de garder exactement le corps de place de tous les fronts même en dehors des attaques ; cependant elle peut se dispenser de fournir les postes d'observation du chemin couvert, que la prudence nous a fait conserver jusqu'à ce moment.

Pour établir le nombre d'hommes que la garnison du dodécagone régulier doit fournir dans cette période, nous considérons l'instant où les brèches sont ouvertes au corps de place et aux demi-lunes, et par conséquent munies de leurs défenseurs. Dans cet exemple, l'assiégeant pourra tenir encore des tirailleurs dans le chemin couvert du bastion, et dans les réduits des places d'armes rentrantes adjacentes. Voici les résultats numériques auxquels le calcul conduit.

		Gardes des 24 heures.	Renforts de nuit.
Fronts attaqués.	Gardes de sûreté du corps de place.	108	
	Défense immédiate de six brèches.	240	
	Retranchemens des bastions.	510	
	Réduits des demi-lunes.	100	
	Chemin couvert et réduits de places d'armes.	80	16.
Fronts collatéraux.	Garde de sûreté du corps de place.	108	
Fronts opposés aux attaques.	Garde de sûreté du corps de place	432	
	Réserve centrale.	150	
	Total	1708	160

On a supposé, dans ce qui précède, que l'assiégeant pouvait donner en même temps l'assaut au

corps de place et aux demi-lunes, et c'est ce qui
arrive en effet dans la plupart des places, où les bastions peuvent être battus en brèche par les fossés
des demi-lunes, et où le peu d'ouverture des fronts
d'attaque, et la petite saillie des demi-lunes rendent
le bastion accessible en même temps que ces ouvrages. Cependant lorsque les fronts d'attaque sont
très-ouverts, et que les demi-lunes ont une grande
saillie, peut-être est-il permis de regarder les brèches, pratiquées aux bastions par les fossés des demi-lunes, comme peu attaquables, à cause de la distance qui les sépare encore de l'assiégeant, et des feux
qui les défendent de flanc et de revers. On pourrait
donc considérer, dans ce cas, une nouvelle période
de la défense, où l'on verrait l'ennemi s'établir au
saillant du chemin couvert du bastion pour contre-
battre les flancs opposés; plonger de son logement
sur la demi-lune dans les réduits des places d'armes
rentrantes, et les faire abandonner; s'emparer du
réduit de la demi-lune après l'avoir mis en brèche;
déloger les défenseurs des coupures des demi-lunes;
s'approcher des brèches du bastion, y donner l'assaut
et les couronner; enfin attaquer le retranchement. Mais, qui n'aperçoit que les principes de défense précédemment développés tracent aussi la
marche à suivre dans cette période, et que nous
tomberions dans de fréquentes répétitions, en cherchant à décrire ici tous les actes successifs de la défense jusqu'à son dernier terme? Nous laisserons donc
au lecteur le soin de faire l'application de ces prin

cipes contre les nouvelles attaques de l'assiégeant,
moins protégées que jamais, et plus embarrassées par des travaux lents et difficiles. Aussi bien,
la fortification va devenir un théâtre de scènes san-
glantes, sur lequel la voix de l'ingénieur aura peine
à se faire entendre, et sa froide raison ne pourra
plus vaincre les alarmes de la timidité, ni guider
les inspirations du courage. Que, cependant, il ne
se lasse point de redire cette vérité, qu'alors même
où la place paraît aux abois, sa perte n'est point
encore infaillible. L'assiégeant aussi faiblit sous le
poids de ses travaux; ses munitions sont épuisées,
ses soldats fatigués, découragés ; chaque jour,
chaque heure de résistance accroît sa détresse, et
rapproche l'instant où le plus léger secours peut le
forcer de lever le siége, et permettre à la garnison
triomphante de recevoir de ses concitoyens et de
son Roi la juste récompense de ses efforts.

DES GARNISONS

Le maréchal de Vauban estimait la force des garnisons, pour les places n'ayant d'autres dehors que
des demi-lunes ordinaires et des chemins couverts
à raison de six cents hommes d'infanterie par bastion ; plus, en cavalerie, un dixième de l'infanterie.
Cette règle, encore aujourd'hui, guide assez généralement dans la fixation des garnisons, du moins
pour l'infanterie ; mais le raisonnement le plus simple fait voir qu'elle ne fournit que des aperçus assez
inexacts. Car comment admettre que les garnisons
doivent être proportionnelles au nombre des bastions? Supposons deux hexagones, l'un à grands
fronts de 360 mètres, et l'autre à petits fronts de
200 mètres, faudra-t-il autant de postes, autant de
sentinelles pour la sûreté du dernier, que pour celle
du premier? Non, sans doute, puisque le pourtour
de ces deux places est fort différent. Dès lors, les
garnisons ayant à fournir moins de gardes de sûreté
dans l'un que dans l'autre, leur force doit être dif-
férente, quoique le nombre des bastions soit le
même. En admettant même des fronts égaux, cette
règle n'est pas plus exacte. Supposons deux places
régulières ayant des fronts égaux, mais dont l'une
soit un hexagone et l'autre un dodécagone ; ce dernier exigera, il est vrai, le double de gardes de

sûreté ; mais loin d'exiger le double de troupes pour
défendre le front d'attaque et retarder les travaux
de l'assiégeant, il n'en demandera guère plus que
l'hexagone, et par conséquent l'on pourra se dispenser d'y mettre une garnison deux fois aussi forte
que dans celui-ci. Enfin, dans le cas de deux places
d'un même nombre de fronts égaux, si l'une est cou-
verte par des inondations qui rendent une partie de
ses fronts inaccessibles ; si, de plus, son front d'attaque forme une saillie sur les fronts collatéraux, de
manière à n'en recevoir que bien peu de protection,
il sera permis de diminuer sa garde de sûreté et sa
garde de défense, et par conséquent la force de sa
garnison.

Ainsi, évitons de fixer la force des garnisons en
multipliant le nombre des bastions par un chiffre
invariable ; nous risquerions, par cette méthode,
d'arriver à des résultats tantôt plus forts, tantôt
plus faibles que ceux réclamés par une bonne défense. On obtiendra un résultat plus exact en exami-
nant avec attention, et pour chaque place en particulier, tous les besoins de la défense, afin de
déterminer ensuite la force de la garnison, de manière à ce qu'elle puisse suffire à tous ces besoins.

Cormontaingne et Bousmard ont essayé déjà de
résoudre le problème en suivant cette marche, mais
il n'est pas difficile de se convaincre que leurs méthodes manquent de précision et de clarté, et que,
loin de pouvoir guider dans toutes les applications,

elles laissent beaucoup à désirer, même pour le cas
particulier de l'hexagone régulier, qu'ils ont pris
l'un et l'autre pour exemple. Le désir d'éclaircir
cette question et d'en ramener la solution à des règles d'une application facile, nous engage à entrer
ici dans des détails, que sans doute on voudra bien
nous pardonner en faveur de l'importance du sujet.

La garnison d'une place doit fournir à trois services
celui des petites armes, celui de l'artillerie, celui des
travaux nécessaires pour la défense. La première chose
à faire, pour en déterminer la force, est donc de calculer exactement le nombre d'hommes que ces trois services exigent, à toutes les périodes de la défense.
Ensuite, si au nombre d'hommes de service que
réclame la période où il faut le plus de monde, on
ajoute le nombre d'hommes qu'il est indispensable
de laisser en repos, afin de pouvoir relever ceux
dont les forces sont épuisées par le service, on aura
évidemment le *maximum* de la garnison nécessaire
à la bonne défense de la place.

Le Mémoire qu'on vient de lire, notre Mémoire
précédent sur le service de l'artillerie, et les données que renferme le Mémorial de Cormontaingne,
relativement aux travaux à exécuter pour la défense,
peuvent nous aider à résoudre les premières parties
de la question. Il nous reste à examiner de quel repos
les troupes ont besoin, pour pouvoir suffire à un
service continu, et comment on peut régler leur
mode de rotation entre les différens services, de
manière à leur laisser ce repos.

Voici ce qu'on trouve, à cet égard, dans le Mémorial de Cormontaingne pour la défense, pag. 261.

« L'usage a toujours été, dans les places assiégées,
» de partager la garnison en trois parties égales,
» savoir :

» 1°. Un tiers pour la garde des ouvrages, ou
» fronts attaqués ;

» 2°. Un tiers pour le bivouac ;

» 3°. Un tiers au repos.

» Le premier tiers fournit les travailleurs, tant
de jour que de nuit, pour l'entretien des ouvrages
attaqués, et pour l'artillerie.

» Le second tiers fournit les gardes et patrouilles,
tant du dedans que des fronts non attaqués, les sorties et les renforts aux ouvrages menacés d'assaut.

» Le troisième ne fournit rien. »

Ce mode de service nous paraît présenter plusieurs imperfections essentielles.

D'abord, on n'aperçoit pas aisément comment un tiers de la garnison pourrait fournir à la fois les travailleurs et la garde des ouvrages attaqués. Ce dernier service étant généralement commandé pour vingt-quatre heures, ferait-on de même pour les travailleurs ? Mais il est évident qu'on ne peut pas exiger d'un homme vingt-quatre heures de travail continu. Ou bien, après avoir pris une partie de ce tiers pour les travaux, la partagerait-on en deux moitiés, l'une pour travailleurs de jour, l'autre pour travailleurs de nuit, ou en trois autres tiers qui se relèver aient de huit heures en huit heures ?

Alors ces travailleurs auront beaucoup plus de repos que les hommes de garde, et l'on tombera dans l'inconvénient d'une répartition de service très-inégale. On n'aperçoit pas non plus comment les renforts de nuit, qui forment une partie importante du service dans plusieurs périodes, pourraient se combiner avec la garde de vingt-quatre heures, et avec les travailleurs. Enfin, le nombre d'hommes qu'exige la défense n'étant point le même à toutes les périodes, on courrait le risque, en prenant invariablement un tiers de la garnison pour la garde des ouvrages attaqués et pour les travailleurs, ou de ne pouvoir suffire toujours à tous les besoins du service, ou de surcharger la garnison de fatigues et de dangers superflus.

En second lieu, le rôle assigné au tiers *de bivouac* nous paraît difficilement s'accorder avec les conditions d'une bonne défense. Comment, en effet, se reposer avec confiance, pour la garde des fronts de la place non attaqués, sur des hommes déjà harassés par vingt-quatre heures de service aux fronts d'attaque? Ce nouveau service, quoique moins dangereux que le premier, entraîne cependant à peu près les mêmes fatigues corporelles, et réclame des hommes assez dispos pour fournir des sentinelles vigilantes. N'est-il pas vraisemblable, si on en charge des hommes venant de faire un service de 24 heures sur les fronts d'attaque, que, ne pouvant supporter quarante-huit heures de garde continue, ils succomberont souvent à la lassitude, et compromettront la sûreté de la place? D'un autre côté, les sorties et les renforts n'exigent point que l'on fasse bivouaquer continuellement une partie assez considérable de la garnison. Car les grandes sorties n'ont d'occasions favorables que très-rarement, surtout une fois que l'assiégeant a établi ses batteries ; ce ne sont d'ailleurs que des actions momentanées, pour lesquelles on peut se dispenser de tenir constamment des troupes sous les armes, et commander les détachemens nécessaires parmi les troupes en repos. Quant aux petites sorties, c'est dans le chemin couvert que doivent se tenir les postes qui y sont destinés, afin de s'y trouver toujours en mesure de les exécuter au moment favorable ; et ce n'est point à des hommes au bivouac, déjà fatigués par une garde de vingt-quatre heures, qu'il faut les confier, mais à des soldats frais et reposés. Enfin, les réserves partielles des différens fronts de la place, et la réserve centrale que le gouverneur a toujours sous la main, suffisent, dans le cas d'une insulte, pour porter de premiers renforts sur les points menacés ; et, si l'attaque est sérieuse, la générale fait aussitôt prendre les armes à toute la garnison.

En troisième lieu, le mode précédent ne laisse réellement de repos au soldat que le tiers de son temps total, proportion qui doit paraître insuffisante pour une longue période de temps, telle que celle d'un siége. L'ouvrier, excité par l'appât du gain et restauré par une nourriture saine et abondante, éprouve le besoin d'un plus long repos, afin de ménager ses forces et de reprendre journellement son travail avec une nouvelle vigueur. Le soldat, stimulé, il est vrai, par l'honneur et le devoir, mais mal nourri, mal logé, exposé souvent sans relâche aux bombes, aux obus, aux boulets de l'assiégeant, obligé de prendre sur son temps de repos celui de se rendre au lieu de son service, d'en revenir, de préparer sa nourriture, de nettoyer ses armes, ne pourrait consacrer les deux tiers de son temps à un service aussi pénible que dangereux, sans être bientôt épuisé, maladif, et sans s'affaiblir au moral comme au physique ; ce qui jetterait la garnison dans la langueur et le dégoût. D'après ces considérations, la proportion d'un tiers de repos nous paraissant en général trop faible, nous pensons qu'on doit adopter celle de la moitié ; et dans le cas où l'on jugerait ce repos encore insuffisant, nous ferons observer que, la garnison devant être calculée d'après les besoins de la période qui demande le plus de troupes, ce sera dans cette période seule que le temps du repos se réduira à cette limite ; dans toutes les autres il sera de plus longue durée.

Si, reconnaissant avec nous les imperfections que présente le mode de service indiqué dans le Mémorial de Cormontaingne, l'on admet en même temps la base que nous venons de proposer sur la durée du repos, on en tirera cette conséquence, que la force de la garnison doit être fixée au double du nombre d'hommes journellement nécessaires, dans

la période qui en exige le plus, pour les services de
l'artillerie et des petites armes, et pour les travaux. On
remarquera, à ce sujet, que dans presque toutes les
périodes, le service des petites armes exige des
hommes de renfort pour la nuit; qu'ainsi, le nombre
d'hommes de service le jour et la nuit n'est pas le
même. Si l'on doublait seulement le premier, on
aurait une garnison insuffisante pour fournir les
renforts nocturnes, et si on doublait le second,
le résultat s'éleverait au delà du nécessaire. Il
faudra donc prendre une moyenne entre ces deux
nombres, et la doubler. Encore n'obtiendra-t-on de
la sorte que le nombre des soldats combattans que
doit offrir la garnison, et non son effectif réel, qui,
pour fournir ces combattans, doit être sensiblement
plus élevé, à cause des malades et autres hommes
inutiles pour le service, des officiers des troupes, et
de ceux des différens états-majors. On estime, en
général, que dans une garnison, les malades et non-
combattans forment un neuvième en sus des combattans, les officiers des troupes un vingtième, et
ceux des états-majors un centième; ce qui donne
en tout un sixième. Ce ne sera donc qu'après avoir
augmenté d'un sixième le nombre des combattans,
qu'on aura l'effectif de la garnison. Quant à la proportion des différentes armes, il sera facile de la
déduire de leurs besoins respectifs aux diverses
périodes de la défense.

Maintenant indiquons un mode de rotation des
hommes entre les différens services de jour et de

nuit , tel qu'une moitié au moins de la garnison soit toujours en repos ; mode dont nous ne faisons pas une règle , persuadé qu'on peut en imaginer facilement plusieurs autres qui offrent le même avantage.

Il est fondé sur les bases suivantes.

1°. La *garde* , comprenant le service de 24 heures de suite , sur tout le pourtour de la place , soit pour les petites armes , soit pour l'artillerie , n'occupera, autant que possible , que le tiers du temps total du soldat , de manière qu'après une garde de 24 heures , il s'écoule 48 heures avant de le rappeler à ce service.

2°. Les *renforts de nuit* laisseront au soldat au moins une nuit de repos sur deux.

3°. Le *travail* ne sera commandé que pour douze heures au plus de suite. Quelquefois on trouvera de l'avantage à borner la durée du travail de jour à six heures , ce qui fera distinguer le travail du matin, de six heures à midi , et le travail du soir , de midi à six heures.

Cela posé , voici comment on pourrait distribuer le temps du soldat entre les différens services.

1°. Combinaison de la *garde* avec le *travail de jour*.

		heures.
1er. jour, soir . . . 1re. nuit . . . . . . 2e. jour, matin. .	garde.	24
2e. jour, soir . . . 2e. nuit	repos.	18
3e. jour	travail.	12
3e. nuit . . . . . . 4e. jour, matin . .	repos.	18
et ainsi de suite.		

2°. Combinaison de la *garde* avec le *travail de nuit*.

<pre>
1er. jour, soir . . . ⎫   heures.
1re. nuit . . . . . . ⎬ garde 24
2e. jour, matin . . ⎭
2e. jour, soir . . . repos 6
2e. nuit . . . . . . travail 12
3e. jour . . . . . . ⎫
3e. nuit . . . . . . ⎬ repos 30
4e. jour, matin . . ⎭
et ainsi de suite.
</pre>

Nota. Le travail de nuit ne se trouverait ainsi séparé de la garde précédente que par un repos de six heures, qui doit sans doute paraître insuffisant : mais cet inconvénient serait beaucoup diminué, en ayant l'attention de ne prendre les travailleurs de nuit, autant que possible, que dans la garde descendante des ouvrages non attaqués.

3°. Combinaison des *renforts de nuits* avec le *travail de jour*.

<pre>
                                          heures
1re. nuit . . . . .   renfort 12
1er. jour, matin .   repos 6
1er. jour, soir . .   travail 6
2e. nuit . . . . .   repos 12
2e. jour, matin . .   travail 6
2e. jour, soir . . . repos 6
et ainsi suite.
</pre>

Il n'est pas inutile de tirer de ces tableaux quelques conséquences relatives à la désignation des travailleurs. On sait déjà que la moitié des combattans étant au repos, l'excédant de l'autre moitié sur la garde de vingt-quatre heures donne le nombre des travailleurs de jour, tandis que l'excédant sur cette garde et sur le renfort nocturne donne le nombre des travailleurs de nuit. On voit de plus que dans le mode ci-dessus les travailleurs de nuit seraient formés d'une moitié de la garde descendante des 24 heures précédentes, et que ceux de jour du lendemain le seraient de l'autre moitié, augmentée, le matin du renfort nocturne qui vient de se reposer la nuit, et le soir du renfort qui a été de service cette nuit même. Si, en outre, à l'époque que l'on considère, la garnison offrait plus de combattans qu'il n'en faut pour fournir au service régulier de la garde et des renforts nocturnes, on pourrait partager l'excédant en deux moitiés, l'une pour travailleurs de jour, l'autre pour travailleurs de nuit.

D'ailleurs on reconnaîtra facilement que ce mode se prêterait à une égale répartition des différens services, successivement entre tous les corps de la garnison, et permettrait d'en régler le commandement, de manière que les détachemens fussent formés de bataillons entiers, de compagnies entières, ou même de demi-compagnies, selon la force qu'ils devraient avoir; condition essentielle à remplir, afin que les hommes n'étant jamais distraits de leurs chefs habituels, il en résulte plus d'exactitude et plus d'émulation dans le service.

Terminons ces détails par une observation relative au bataillon d'élite de la garnison, qui, comme nous l'avons déjà dit, ne doit point fournir de travailleurs. Sa force étant une fois déterminée de manière que, dans l'hypothèse d'un service régulier, il ait la moitié de son temps de repos, on pourra souvent s'écarter à son égard de cette condition générale, et lui laisser, suivant les circonstances, tantôt plus, tantôt moins de repos qu'aux autres troupes.

Pour calculer, d'après ce qui précède, la garnison du dodécagone régulier, nous allons réunir, pour chaque période, les
résultats obtenus, dans ce Mémoire et dans celui sur l'Armement des places, relativement aux nombres d'hommes qu'exige, dans cet exemple, le service des petites armes et de l'artillerie ; nous y joindrons, d'après les données de Cormontaingne, les travailleurs nécessaires pour le palissadement des
chemins couverts, les blindages, les communications, les tambours en charpente, les mines, les retranchemens, etc.

Première période.

				Service des 24 heures.	Renfort de nuit.
Petites armes.		Infanterie		1494	»
		Cavalerie		60	»
Artillerie.		Canonniers		144	»
		Servans d'infanterie		504	»
Travailleurs.	Pour l'artillerie.		Canonniers	60	»
			Fantassins	240	»
	Pour le génie.		Sapeurs et mineurs.	100	»
			Fantassins	300	»
		Total		2902	»

Deuxième période.

		Service des 24 heures.	Renfort de nuit.
Petites armes.	Fronts attaqués.	302	»
	Fronts collatéraux.	226	52
	Fronts opposés aux attaques.	432	208
	Réserve centrale.	150	»
	A reporter.	1110	260

			Service des 24 heures.	Renfort de nuit.
		Report.	1110	260
Artillerie.	Fronts attaqués.	Canonniers	134	»
		Servans d'infanterie.	511	»
	Fronts collatéraux	Canonniers.	52	»
		Servans d'infanterie.	198	»
	Fronts opposés aux attaques.	Canonniers.	65	»
		Servans d'infanterie.	212	»
Travailleurs.	Pour l'artillerie[1].	Canonniers	60	»
		Fantassins.	540	»
	Pour le génie[2].	Sapeurs et mineurs.	100	»
		Fantassins.	500	»
		Total.	3482	260

Tant que l'armement des ouvrages qui ont action sur les attaques n'est pas complété, il faut beaucoup moins de monde pour le service de l'artillerie. Cependant nous compterons, durant toute la période, sur le nombre d'hommes de service calculé ci-dessus, ce qui offrira des ressources, dans ces premiers jours du siége, pour quelques besoins non prévus, et particulièrement pour exécuter des lignes de contre-approches, et garnir leurs extrémités de troupes, lorsque les localités ou les fautes de l'ennemi permettront l'établissement de ces sortes d'ouvrages.

[1] On a calculé, dans le *Mémoire sur l'Armement des places*, que les dispositions de l'artillerie pouvaient exiger, dans la deuxième période, 38,886 heures de travail, en quatre fois 24 heures de temps, ce qui porterait à 405 le nombre des travailleurs nécessaires jour et nuit, dans l'hypothèse où tout le temps du service serait bien employé. Mais on estime qu'il est bon d'augmenter ce nombre de moitié, pour tenir compte des pertes de temps évaluées, en général, au tiers du temps total, ce qui porte à environ 600 les travailleurs nécessaires pour l'artillerie.

[2] Environ 400 travailleurs pour retrancher le bastion d'attaque et les deux bastions collatéraux, et 200 pour les autres travaux.

Troisième période.

				Service des 24 heures.	Renfort de nuit.
Petites armes.			Fronts attaqués.	290	80
			Fronts collatéraux.	226	52
			Fronts opposés aux attaques.	432	208
			Réserve centrale.	150	»
Artillerie.	Comme ci-dessus.		Canonniers.	251	»
			Servans d'infanterie.	921	»
Travailleurs.	Pour l'artillerie.		Canonniers.	60	»
			Fantassins.	40	»
	Pour le génie.		Sapeurs et mineurs.	100	»
			Fantassins.	500	»
			Total.	2970	340

Dès que l'artillerie assiégée cesse de lutter contre l'artillerie assiégeante, on fait servir deux pièces par les mêmes hommes, ce qui permet de diminuer de 355 le nombre d'hommes nécessaires au service de l'artillerie.

Quatrième période.

				Service des 24 heures.	Renfort de nuit.
Petites armes.			Fronts attaqués.	430	360
			Fronts collatéraux.	226	52
			Fronts opposés aux attaques.	432	208
			Réserve centrale.	150	»
Artillerie.	Fronts attaqués.		Canonniers.	83	»
			Servans d'infanterie.	307	»
	Fronts collatéraux		Canonniers.	32	»
			Servans d'infanterie.	118	»
	Fronts opposés aux attaques.		Canonniers.	65	»
			Servans d'infanterie.	212	»
Travailleurs, comme ci-dessus.				700	»
			Total.	2755	620

Cinquième période.

				Service des 24 heures.	Renfort de nuit.
Petites armes.	Comme dans la période précédente.			1238	620
Artillerie.	Fronts attaqués.	Canonniers.		85	»
		Servans d'infanterie.		315	»
	Fronts collatéraux	Canonniers.		34	»
		Servans d'infanterie.		126	»
	Fronts opposés aux attaques.	Canonniers. . . .		48	»
		Servans d'infanterie.		144	»
Travailleurs, comme ci-dessus.				700	»
			Total.	2690	620

Sixième période.

				Service des 24 heures.	Renfort de nuit.
Petites armes.	Fronts attaqués.			476	320
	Fronts collatéraux.			166	52
	Fronts opposés aux attaques. . . .			432	208
	Réserve centrale.			150	»
Artillerie.	Comme ci-dessus.	Canonniers. . . .		167	»
		Servans d'infanterie.		585	»
Travailleurs, comme ci-dessus.				700	»
			Total.	2676	580

Septième période.

		Service des 24 heures.	Renfort de nuit.
Petites armes.	Fronts attaqués.	1038	160
	Fronts collatéraux.	108	»
	Fronts non attaqués.	432	»
	Réserve centrale.	150	»
	A reporter.	1728	160

			Service des 24 heures.	Renfort de nuit.
		Report.	1728	160
Artillerie.	Fronts attaqués. { Canonniers.	140	»
	Servans d'infanterie.	503	»
	Frontscollatéraux { Canonniers.	30	»
	Servans d'infanterie.	114	»
	Fronts opposés aux attaques. { Canonniers.	32	»
	Servans d'infanterie.	96	»
Travailleurs, environ.		150	»
	Total.	2793	160

L'inspection de ces tableaux fait voir que c'est la deuxième période qui exige le plus de monde pour suffire à tous les services. Prenons-la donc pour base du calcul de la garnison, et nous trouverons, en doublant la moyenne des nombres d'hommes alors nécessaires la nuit et le jour, qu'elle doit offrir 7,824 combattans. Ajoutant à ce nombre un sixième pour les non-combattans, nous aurons pour l'effectif de la garnison 8,428, ou, en nombre rond, 8,500 hommes. Voici, sans entrer dans des détails auxquels on suppléera facilement, comment il serait à désirer que cet effectif fût composé.

États-majors.	80
Infanterie, dont 630 hommes pour le bataillon d'élite.	7230
Cavalerie.	220
Artillerie [1]	720
Génie.	250
Total.	8500

[1] L'effectif des troupes d'artillerie, que l'on indique ici, diffère de celui indiqué dans le *Mémoire sur l'armement des places*, par ce que, dans ce dernier, nous avions adopté sans discussion le mode de rotation de service exposé dans le mémorial de Cormontaingne pour la défense ; tandis qu'ici les imperfections de ce mode nous ont fait établir nos calculs d'après un mode différent.

En comparant ces résultats avec les tables de Vauban pour le dodécagone régulier, on remarquera une différence essentielle, c'est que nous ne demandons que 220 hommes de cavalerie, tandis que les tables en demandent 720, dans la proportion constante du dixième de l'infanterie. Il faut, pour expliquer cette différence, considérer la constitution des armées au temps de Vauban et au temps actuel. Alors l'infanterie, mal armée, mal organisée, et peu manœuvrière, ne se prêtait point à des mouvemens rapides, et ne pouvait guère se défendre contre la cavalerie. C'était dans celle-ci que résidait presque toute la force des armées; il était donc nécessaire d'en avoir assez dans les places pour aller au delà de la portée de leur canon chercher des nouvelles de l'ennemi, et tomber sur les derrières de ses colonnes d'infanterie. Mais cette nombreuse cavalerie cessait d'être utile dès les premiers jours du siége : aussi Vauban conseillait-il de la composer surtout de dragons, qui, mettant pied à terre, pussent servir comme fantassins. Aujourd'hui, l'infanterie, mieux armée, mieux constituée, et plus habile à manœuvrer, se prête à des marches longues et rapides, et résiste parfaitement aux charges de la cavalerie; non seulement elle ne craint plus de s'écarter des places au delà de la portée du canon; mais, accompagnée de quelques pièces d'artillerie, elle peut servir à fatiguer les flancs et les derrières de l'ennemi. Ainsi, la cavalerie n'est plus utile dans les places que pour quelques escortes.

pour des reconnaissances rapides, pour circuler autour de la place durant l'investissement, afin
d'empêcher l'ennemi de la reconnaître, enfin pour
essayer de dissiper les gardes et les travailleurs
ennemis, dans les premières nuits du siége. Un esca-
dron dans une petite place, et deux dans une grande
nous paraissent suffire à cet effet.

On a pu remarquer que les dispositions de sûreté,
que nous avons indiquées pour la période de l'investissement, exigeraient, dans l'exemple du dodécagone régulier, 5,804 combattans, ce qui demanderait
un effectif de 6,771 hommes. Au premier aperçu, ce
chiffre paraît trop élevé, car il forme environ les qua
tre cinquièmes de celui qui représente le complet de la
garnison nécessaire pour soutenir un siége en règle;
et cependant on est dans l'usage de ne laisser pour
la *garde de sureté* proprement dite des places de
guerre, c'est-à-dire pour les préserver des surprises et des attaques de vive force, que le tiers de
leur garnison complète. Mais il faut ici distinguer
deux cas. Lorsqu'une place est menacée d'un siége
prochain, sa garnison doit être complétée avant
l'investissement, puisqu'on risquerait de ne pouvoir le faire après; et dans la crainte que l'ennemi
ne réussisse à brusquer le siége, il est nécessaire
que, dès l'apparition des premiers corps investis-
sans, elle garde les dehors, et se mette en mesure
d'agir contre l'ouverture de la tranchée. C'est alors
que la garde de sûreté doit être réglée comme
nous l'avons indiqué dans ce Mémoire. Lorsque

cette place, au contraire, est assez éloignée du théâtre de la guerre pour n'avoir pas à craindre d'être subitement investie, qu'elle risque seulement d'être insultée par quelques corps légers, qui pénètreraient jusqu'à elle avec de l'artillerie de campagne, mais sans moyens de siége, ce serait affaiblir inutilement l'armée active que d'y laisser une garnison complète. Car alors, rien n'obligeant plus à garder les dehors, on se borne à garder le corps de place ; on réduit aussi l'armement aux pièces légères des flancs, et à une pièce de gros calibre à chaque saillant de bastion ; de sorte que la garde d'un front n'exige plus que 54 hommes pour les petites armes, et 21 pour l'artillerie, en tout 75. Dans ce cas, il suffit donc de 900 hommes de garde pour les douze fronts d'un dodécagone régulier. Ajoutant une réserve centrale de 100 hommes, par exemple, et environ 200 travailleurs pour les travaux préliminaires de la défense, tels que la recoupe des banquettes, les approvisionnemens, etc., ce sera 1,200 hommes de service à fournir chaque jour ; ce qui n'exigera que 2,400 combattans, et, par suite, un effectif de 2800 hommes. Ce résultat, d'accord avec l'usage, n'offre plus rien d'exagéré, si l'on considère qu'il s'agit d'une grande place, supposée entièrement dépourvue de défenses accessoires, et attaquable sur tout son développement, circonstances aussi rares que défavorables.

FIN.

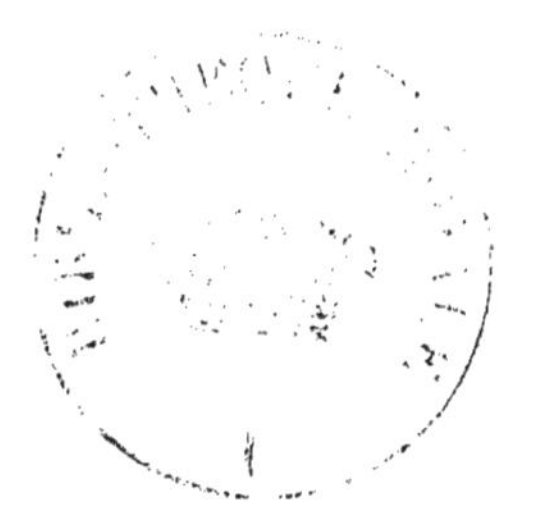